Johannes Lichtenberg

Ikigai

Die japanische Philosophie eines erfüllten und glücklichen Lebens

Schritt für Schritt zum Ikigai und dabei Selbstfindung, Resilienz und die eigene Persönlichkeitsentwicklung meistern.

Originale Erstausgabe Dezember 2020
verlegt durch KR Publishing.

1. Auflage

Bibliografische Information der Deutschen Nationalbibliothek

Die Deutsche Nationalbibliothek verzeichnet diese Publikation in der Deutschen Nationalbibliografie, detaillierte bibliografische Daten sind im Internet unter https://portal.dnb.de abrufbar.

Druck/ Auslieferung: Amazon oder Tochtergesellschaft
Independently published

ISBN:
978-3-948593-74-2 [ebook]
978-3-948593-75-9 [Taschenbuch]

Inhalt

Vorwort

Bestimmt kennst du folgende Situation: Du quälst dich morgens aus dem Bett, machst dich hastig fertig und auf den Weg zur Arbeit. Dort angekommen widmest du dich denselben langweiligen Aufgaben, wie am Tag zuvor und ärgerst dich wiedermal über deine nervigen Kollegen. Nach der Arbeit kommst du schlecht gelaunt zuhause an, machst es dir vor dem Fernseher gemütlich und fragst dich: War das schon alles? Soll so mein ganzes Leben aussehen?

Du fühlst dich im Hamsterrad gefangen? Du bist mit dir und deiner Situation unzufrieden? Du machst dir Sorgen um deine Zukunft? Du wünscht dir ein erfülltes und glückliches Leben? Dann hast du dein persönliches IKIGAI noch nicht gefunden! Das japanische Volk kennt diese Probleme bereits seit Jahrhunderten, sodass sie dagegen schon früh Wege und Möglichkeiten gefunden haben. Diese japanische Lebensphilosophie zeigt dir Schritt für Schritt, wie du ein erfülltes Leben voller innerer Zufriedenheit lebst und wie du zu dir selbst findest. So stehst du morgens glücklich und voller Energie auf, anstatt dich aus dem Bett zu quälen.

Entdecke in diesem Buch, wie du deinen persönlichen Weg zum IKIGAI beschreitest, sodass du gelassener, zufriedener und selbstsicherer wirst. Gleichzeitig wirst du persönlich wachsen und clevere Methoden entdecken, mit denen du dein Lebensglück massiv steigern kannst.

Ich wünsche dir viel Erfolg mit diesem Buch

Dein Johannes Lichtenberg

Unser Geschenk an dich!

Vielen Dank für den Kauf von diesem Buch und deinem damit verbundenen Vertrauen in uns als Herausgeber und in Johannes Lichtenberg als Autor dieses großartigen Buchs. Das bedeutet uns wirklich viel, weshalb wir dir den Ratgeber „Habit Hacks - 10 unscheinbare Schlüssel Gewohnheiten, die dein Leben verändern," als Download schenken - vollkommen gratis! Zudem möchten wir dir die Möglichkeit eines direkten Austauschs mit dem Autor anbieten. So kannst du z.B. deine Fragen, dein Feedback oder deine Anregungen Johannes zukommen lassen - eine tolle Möglichkeit für die Kommunikation zwischen Leser und Autor!

Diese kleinen und unscheinbaren Schlüssel Gewohnheiten verändern dein Leben - erfahre:

- ✓ wie eine kleine Veränderung beim Duschen deine Disziplin stärkt und dir einen Energiekick verschafft...
- ✓ wie eine Prise Salz dir einen Kickstart am Morgen verschaffen kann...
- ✓ wie eine kleine Einstellung an deinem Smartphone & Computer deinen Schlaf verbessert...
- ✓ noch weitere geniale und unscheinbare Habit Hacks!

Wenn du bereit bist, dein Leben mit einigen simplen Habit Hacks auf das nächste Level zu bringen, dann schaue am Ende nach deinem persönlichen Zugang.

Kapitel 1: Ikigai - Einführung in die japanische Lebensphilosophie

Ikigai – dieser wohlklingende Begriff, der aus dem Japanischen stammt, soll den Schlüssel zum Lebensglück in sich tragen. Klingt ziemlich eindrucksvoll, oder? Aber was steckt dahinter? Was ist Ikigai und was hat es mit dem persönlichen Suchen und Finden des Glücks zu tun? Mit diesen zentralen Fragen heiße ich dich im ersten Kapitel dieses Buches willkommen und lade dich herzlich dazu ein, dich auf eine grundlegende Einführung in das spannende Thema Ikigai einzulassen.

Die Suche nach dem Sinn des Lebens

Du wirst vom schrillen Klingeln deines Weckers aus Träumen gerissen, die noch während du widerwillig die Augen aufschlägst zu verblassen beginnen. Dein ganz normaler Alltag führt dich schlurfenden Schrittes ins Badezimmer, wo dir dein übermüdetes Spiegelbild entgegenblickt. Eine kühle Dusche weckt deine Sinne, du kramst ein bürotaugliches Outfit aus dem Schrank und kannst während des Anziehens nur an eines denken: Kaffee. Neben der Maschine, die brodelnd ihre Arbeit verrichtet und dich daran erinnert, dass sie dringend mal wieder entkalkt werden müsste, füllst du eine Schüssel mit Müsli, gießt Milch hinein und beginnst damit, deinen mittlerweile leise vor sich hin grummelnden Magen ruhigzustellen. Die Tasse Kaffee ist längst nicht mehr so verlockend, sobald der erste Schluck genommen ist. Ihr Geschmack wird vom Informationsfluss übertüncht, den dir dein Tablet präsentiert. Eine mittelmäßig interessante Großstadt hat einen neuen Bürgermeister. Zwei Z-Promis sind glücklich verlobt. Irgendwo ist Krieg. Das Wetter bleibt heiter bis wolkig. Alles wie immer. Auf dem Weg zur Arbeit ärgerst du dich über den Rentner im Auto vor dir, der den Montag offenbar für einen Sonntag hält, und im Büro angekommen lässt sich der Lauf der Dinge nicht mehr aufhalten. Meetings, Videokonferenzen, klingelnde Telefone, Kollegen, die über ihr genau genommen extrem unspektakuläres bis bedauernswertes Wochenende schwatzen, der Chef, der sich die Haare rauft, ein voller Terminplan, eine Mittagspause der Zeitverschwendung und ein Feier-

abend, der gar nicht schnell genug kommen kann. Kaum sitzt du wieder im Auto, sehnst du dich nach einem warmen Bad. In der Badewanne kommst du nicht zur Ruhe, weil das Kochen noch bevorstehst. Dein Essen schlingst du hinunter, um den Anfang des 20 Uhr 15 Films nicht verpassen und vor der Glotze wächst dein schlechtes Gewissen mit jeder Minute – du hast die Kaffeemaschine wieder nicht entkalkt und hättest schon vor einer halben Stunde ins Bett gehen müssen, um auch nur annähernd genügend Schlaf zu bekommen. Erst in dem Moment, in dem dein Kopf das Kissen berührt und du dir ein bisschen Geborgenheit von deiner gewichtbeschwerten Therapiebettdecke vorgaukeln lassen kannst, befreit sich dein Gehirn aus dem Stand-by-Modus der automatisierten Abläufe und Gewohnheiten. In den Minuten zwischen Alltagsende und Schlaf schwirren dir Gedanken durch den Kopf, die die meiste Zeit über vom geschäftigen Leben und Werken verdrängt werden. Ist dies das Leben, das ich mir für mich gewünscht habe? Und wenn ja, warum bin ich dann nicht glücklich? Diese Gedanken wiegen schwer, viel, viel schwerer als deine Therapiedecke. Wie gut, dass sie vom Schlaf betäubt, verschleppt und begraben werden – zumindest für eine Weile.

Sollte dein Alltag tatsächlich genau so aussehen, wäre das ein echter Glückstreffer. Doch auch wenn sich deine Realität von der hier geschilderten unterscheidet, findest du dich vielleicht im ein oder anderen Ansatz wieder. Möglicherweise in der Erschöpfung, im Automatismus der Routinen und Gewohnheiten, in der Ungeduld, dem ständigen Begehren und doch nicht Genießen oder – und das ist sehr wahrscheinlich – in den flüchtigen, scheinbar willkürlich auftauchenden und so überfordernd essentiellen Gedanken, die sich in ruhigen Minuten anschleichen. Was genau mache ich hier eigentlich? Wo bleiben die Glücksgefühle oder zumindest die Zufriedenheit, die einem ein 9-to-5-Job, eine hippe Altbauwohnung, finanzielle Sicherheit und ein aufgabenreicher Alltag doch angeblich bescheren sollen? Ist es möglich, dass ich andere Dinge zu meinem Glück brauche? Und wenn ja, welche? Diese Fragen führen uns mitten hinein in die Thematik des Ikigais.

Kurzdefinition: Was ist Ikigai überhaupt?

Der Begriff Ikigai setzt sich aus zwei japanischen Worten zusammen: „Iki“ für „Leben“ und „Gai“ für Wert. Gesteht man sich einen gewissen Spielraum zu, kann man den Begriff also grob mit „Wert des Lebens“, „Lebenswert“ oder auch „das, was das Leben wertvoll macht“ übersetzen. Es handelt es sich dabei um eine japanische Lebensphilosophie, die sich mit dem Streben und Erreichen eines sinnerfüllten, freudvollen und zufriedenstellenden Lebens auseinandersetzt. Ikigai beschreibt dabei nicht nur die Philosophie, sondern fungiert auch als Bezeichnung dieses angestrebten Idealzustands. Wer voller Ikigai ist, befindet sich in einem Zustand der Erfüllung und des Lebensglücks. Doch das Ikigai fällt einem nicht zufällig in den Schoß. Vielmehr muss man bewusst daran arbeiten und aktiv werden, um sein Ikigai finden zu können. Denn: Weg und Ziel gestalten sich individuell und unterscheiden sich von Mensch zu Mensch. Das ist nur logisch, sind wir doch alle verschieden und zeichnen uns durch ganz unterschiedliche Werte, Wünsche, Bedürfnisse, Weltbilder, Eigenschaften und Ziele aus. Deshalb kann dich nur ein Mensch zum Ikigai führen: du selbst. Du musst die Sache in die Hand nehmen, den Prozess einleiten und durchlaufen, Stolpersteine aus dem Weg räumen und – und das ist das Wichtigste – herausfinden, was dich glücklich macht.

Die fünf Kerngedanken des Ikigai

Die Ikigai Philosophie stellt zwar das Ich und den einzelnen Menschen mit all seinen Facetten gewissermaßen in den Vordergrund, hat aber nichts mit einem Egotrip à la „schneller, höher weiter und nach mir die Sintflut“ zu tun. Das zeigen die fünf Kerngedanken, die das Grundgerüst des Ikigai bilden:

Klein anfangen: „Übung macht den Meister“ oder „Aller Anfang ist schwer“

Das eigene Leben von heute auf morgen auf den Kopf zu stellen und umzukrempeln, ist nicht nur überfordernd und nur selten möglich, sondern in aller Regel auch wenig zielführend. Möchte man sein Leben verändern und glücklicher werden, befindet man sich normalerweise aktuell in einer Situation, in der man absolut nicht zufrieden ist. Denn der Mensch ist ein Gewohnheitstier, das in den allermeisten Fällen nur dann von sich aus bereit ist, aus den Gewohnheiten auszubrechen, wenn diese nur noch schwer zu ertragen sind. Das liegt mitunter daran, dass Gewohnheit Sicherheit suggeriert – und Sicherheit ist eines der ursprünglichsten Bedürfnisse des Menschen. Es ist nicht im Sinne von Ikigai, aus der Laune eines besonders schlechten Tages heraus alles über den Haufen zu werfen und die eigenen Lebensumstände radikal zu verändern. Vielmehr führt ein langsamer Prozess zum Ikigai, in dessen Rahmen kleine, wohl durchdachte Maßnahmen in der Summe zu bedeutenden positiven Veränderungen führen. Es gilt, klein und vor allem mit Plan anzufangen. Erst wenn du weißt oder zumindest stark vermutest, was du verändern musst, um glücklicher zu werden, gehst du in Aktion. Und du wirst feststellen, dass auch diese kleinen Maßnahmen große Herausforderungen sein können. Vor allem dann, wenn du zu den vielen Menschen gehörst, denen die Veränderung – auch wenn sie noch so nötig, durchdacht und erfolgsversprechend ist – Angst einjagt. Wie du dieser Angst einen Riegel vorschieben und entspannter mit Veränderungen umgehen kannst, erfährst du in Kapitel 10.

Lernen, loszulassen: Radikale Akzeptanz, Auseinandersetzung mit Ängsten und Aufarbeitung der Vergangenheit

Daneben gehört das Loslassen zu den besonders relevanten Aspekten des Ikigai. Wer unter der Vergangenheit leidet und die Zukunft fürchtet, kann in der Gegenwart nicht glücklich sein. Das Loslassen setzt sich im Grunde aus drei Teilbereichen zusammen: Der radikalen Akzeptanz, der Auseinandersetzung und Überwindung von Ängsten sowie der Aufarbeitung der Vergangenheit.

✦ Die radikale Akzeptanz

Die radikale Akzeptanz kann sich auf gegenwärtige, vergangene oder zukünftige Ereignisse beziehen und ist immer dann nützlich, wenn es sich um Dinge handelt, auf die du keinen Einfluss hast. Wenn du etwas nicht ändern kannst, musst du es akzeptieren. Nur so öffnet sich dir eine Tür, die zu einem zufriedeneren, leichteren und unbeschwerteren Leben führt.

✦ Die Auseinandersetzung mit Ängsten

Ausgenommen von post-traumatischen Belastungsstörungen und ähnlich komplexen Umständen, empfinden wir Menschen Angst für gewöhnlich in Zusammenhang mit der Gegenwart oder der Zukunft. Der ursprüngliche Grund für die Angst kann zwar in der Vergangenheit liegen, die Angst selbst wird jedoch von einem aktuellen oder anstehenden Ereignis ausgelöst. Indem du deine Ängste kennenlernst und dich intensiv mit ihnen auseinandersetzt, erforschst du Mittel und Wege, diese Ängste zu überwinden und abzulegen.

✦ Die Aufarbeitung der Vergangenheit

Es gibt wahrscheinlich nur wenige Menschen, die von sich behaupten können, dass sie leben, ohne irgendeine Last der Vergangenheit mit sich herumzuschleppen. Manche tragen nur ein kleines Päckchen, andere einen ganzen Haufen kleiner Bündel und wieder andere ein, zwei richtig schwere Brocken. Im Sinne des Ikigais muss diese Last wahrgenommen und betrachtet werden, damit sie aufgehoben, von den Schultern genommen und losgelassen werden kann.

Mit der radikalen Akzeptanz, der Auseinandersetzung mit Ängsten und der Aufarbeitung der Vergangenheit befassen wir uns in Kapitel 10 ausführlich.

Harmonisch und nachhaltig leben: Im Einklang mit Umwelt und Natur

Es ist insbesondere dieser Kerngedanke, der einen Egotrip zum Ikigai ausschließt. Nur wenn man erkennt, dass man Teil eines großen Ganzen ist, sich der Wechselwirkungen und Zusammenhänge in diesem großen Ganzen bewusst wird und sich aktiv dazu entschließt, eine wichtige, wenn auch kleine Rolle zu spielen, die dem Wohlergehen des großen Ganzen zuträglich ist, findet man zu einem harmonischen Leben. Diesbezüglich sind die Nachhaltigkeit und das Umweltbewusstsein von großer Bedeutung, die in Zeiten des Klimawandels ohnehin stärker in den Fokus der Menschen rücken. Das Ziel der Harmonie bezieht sich neben dem nachhaltigen, schützenden Umgang mit der Natur aber auch auf die persönliche Umwelt, also die Gebäude, die Straßen und Plätze, die Geschäfte und die Menschen, die das individuelle Umfeld bilden.

Die Freude im Kleinen entdecken: Wertschätzung erlernen und Freude neu denken

Fragt man eine Handvoll Menschen, worüber sie sich so richtig freuen würden, bekäme man höchstwahrscheinlich mitunter diese Antworten: einen großen Batzen Geld, einen treuen, attraktiven, perfekt passenden Partner, absolute Gesundheit, ein Eigenheim, ein schickes Auto, ein sicheres Einkommen, ohne dafür arbeiten zu müssen, ein Leben auf einer tropischen Insel. Das alles mögen wunderbare Vorstellungen sein, die womöglich zum persönlichen Lebensglück beitragen können. Wartet man aber auf die erste Million oder die Traumvilla, um sich zu freuen, wartet man womöglich ewig. Dabei ist es durchaus möglich, sich an erreichbareren und auch völlig zufällig geschehenden, wenn auch subjektiv wahrgenommen deutlich „kleineren“, Dingen zu freuen: Am farbenprächtigen morgendlichen Sonnenaufgang, einem leckeren Essen, einem positiven Gedanken, einem verblüffend sonnigen Wintertag oder an der Nachricht eines Freundes, der an einen denkt. Wenn du es schaffst, die kleinen potenziellen Freudenspender wahrzunehmen und wertzuschätzen, findest du jeden Tag – und das ist ein Versprechen – mindestens einen Grund zur echten, authentischen Freude.

Im Hier und Jetzt ankommen: Wahrnehmung und das achtsame Erleben

Alle der vier bisher genannten Kerngedanken werden von diesem fünften, wegweisenden Aspekt begünstigt: dem Ankommen im Hier und Jetzt. Vielleicht denkst du dir jetzt: „Hä, ich bin doch hier? Wo soll ich denn sonst sein?“ Damit liegst du prinzipiell richtig. Doch wo sind deine Gedanken? Worauf konzentrierst du dich und worauf ist deine Aufmerksamkeit gerichtet? Wenn du beispielsweise einen Apfel isst, dabei an deinen Ex-Partner denkst und nebenbei den Insta Feed durchscrollst, ohne wirklich etwas auf dem Display zu sehen, lebst du in diesem Moment nicht im Hier und Jetzt. Du bist abgelenkt und bekommst weder das Geräusch, das beim Beißen in den Apfel entsteht und den außergewöhnlich süßen Geschmack der Frucht noch die Reflektion der Sonnenstrahlen auf der polierten Schale des Obstes mit. Um im Hier und Jetzt zu leben, musst du deine Achtsamkeit trainieren (siehe Kapitel 10). Dann könntest du das Essen des Apfels zu 100 % im Hier und Jetzt und dadurch zigmal intensiver erleben. Die Achtsamkeit bezieht sich neben dem bewussten, aufmerksamen Erleben von Situationen, Dingen und Tätigkeiten aber auch auf die Innenwelt, also auf deine Gedanken und Gefühle. Leider haben wir die Fähigkeit, achtsam im Hier und Jetzt zu leben, bedingt durch den stetigen Zeit- und Leistungsdruck sowie durch die Schnelllebigkeit unserer Existenz zu einem großen Teil verlernt. Die gute Nachricht: Das Trainieren und Ausbauen der Achtsamkeit ist nicht nur grundsätzlich möglich, sondern wahrlich kein Hexenwerk. Mit etwas Motivation und Übung kannst du schon heute damit beginnen, deine Achtsamkeit zu verbessern und mehr im Hier und Jetzt zu leben.

Ikigai in vier Teilen: Die Schnittmenge des Glücks

Ist vom Ikigai Modell die Rede, ist meist eine bildliche Darstellung bestehend aus vier Kreisen, die sich in kleinen Teilen überschneiden, gemeint. Sehen wir uns zunächst die vier Grundpfeiler an, auf denen dieses Modell basiert:

Was du liebst

Der erste Aspekt, der unverzichtbar für das Ikigai ist, beinhaltet das, was du (zu tun) liebst. Er meint die Dinge und vor allem Tätigkeiten, mit denen du dich stundenlang beschäftigen kannst, die dich inspirieren und dir Freude bereiten.

Was die Welt braucht

Nicht weniger wichtig ist der Anteil dessen, was die Welt braucht. Hiermit sind Tätigkeiten und Beiträge gemeint, die du zum Wohle unseres Planeten, der Gesellschaft, der Lebewesen auf dieser Erde oder der Natur leisten kannst.

Wofür du bezahlt wirst

Anders als viele anderen Modelle, die das persönliche Lebensglück fokussieren, ignoriert Ikigai nicht, dass das Leben und Überleben finanziert sein will. „Geld allein macht nicht glücklich", ja, aber ohne geht es eben auch nicht. Deshalb ist das, wofür die bezahlt wirst und womit du deinen Lebensunterhalt sichern kannst, ein weiterer Grundpfeiler des Ikigais.

Worin deine Stärken liegen

Der vierte Teil im Bunde bezieht sich auf das, worin du gut bist, also auf deine Stärken und die Kompetenzen, die du mitbringst.

Zusammenspiel der Teile

Was du liebst, was die Welt braucht, wofür du bezahlt wirst und worin deine Stärken liegen sind keine voneinander unabhängigen Bereiche. Ganz im Gegenteil: Aus je zwei dieser Kategorien lassen sich insgesamt vier Themenkomplexe bilden:

Passion: Entdecken und Erwecken der Leidenschaft

Aus dem, worin du gut bist, und dem, was du liebst, ergibt sich deine Passion. Vielleicht ist dir selbst schon einmal aufgefallen, dass du die Dinge, die du gut kannst, lieber machst als Dinge, für die du weniger Talent mitbringst. Andersherum fällt es dir leichter, deine Fähigkeiten auszubauen, wenn es sich um Kompetenzen im Zusammenhang mit einer Tätigkeit handelt, für die du leidenschaftlich brennst. Die Liebe zu einer Tätigkeit und das Vorhandensein diesbezüglicher Stärken gehen also Hand in Hand und werden in Kombination zu deiner Leidenschaft, deiner Passion.

Mission: Finden und Verfolgen des innersten Ziels

Die Antwort auf die Frage danach, was deine Aufgabe in diesem Leben sein könnte, formt sich aus dem, was du liebst, und dem, was die Welt braucht. Wenn es dir gelingt, mit Dingen, die dir Freude schenken, einen wertvollen Beitrag zum harmonischen Fortbestehen des großen Ganzen zu leisten, hast du deine Mission gefunden.

Vocation: Erschließen lukrativer, sinnstiftender Einnahmequellen

Mit Vocation ist deine persönliche Berufung gemeint. Diese ergibt sich aus dem, was die Welt braucht, und dem, womit du Geld verdienen kannst. Hier zeigt sich nochmals explizit, wie nahe an der Realität sich das Ikigai Modell befindet: Es berücksichtigt die Notwendigkeit, Geld zu verdienen, und regt dazu an, den rein finanziellen Aspekt mit dem nützlichen, für die Welt wertvollen Beitrag zu verknüpfen.

Profession: Erkunden und geldbringendes Einsetzen der persönlichen Stärken und Kompetenzen

Kommen das, wofür du bezahlt wirst, und das, worin du gut bist, zusammen, wird die Schnittmenge laut Ikigai Modell Profession genannt. Gemeint ist das Finden und Ausüben eines geldbringenden Berufes, in dem die persönlichen Stärken optimal eingesetzt werden können.

Was passiert, wenn Teile fehlen

Um zum Ikigai zu finden, genügt es nicht, sich auf einzelne Schnittmengen zweier Grundpfeiler, zum Beispiel auf die Mission allein oder aber auf die Vocation und die Passion zu konzentrieren. Alle vier Themenkomplexe sind von großer Bedeutung, weshalb ein Fehlen einzelner Kategorien folgenschwere Auswirkungen nach sich zieht:

Passion und Mission **ohne** Vocation und Profession

Du tust, was du liebst, und leistest damit einen allgemeinnützigen Beitrag? Das ist wunderbar! Aber nur solange, bis Mahnungen ins Haus flattern oder du feststellen musst, dass deine Möglichkeiten bedingt durch deine mangelnden und möglicherweise nicht ausbaubaren Kompetenzen stark begrenzt sind. Zwar gelingt es dir, tagtäglich ein Gefühl der Erfüllung zu erreichen, jedoch machen dir die finanziellen Aspekte einen dicken Strich durch die Rechnung.

Mission und Vocation **ohne** Profession und Passion

Du hast deine Aufgabe gefunden und es geschafft, Geld damit zu verdienen – das ist zweifelsohne spitze. Trotzdem wirst du von einem Gefühl der Unsicherheit geplagt und bist häufig frustriert. Das liegt daran, dass du in deinem tiefsten Inneren weißt, dass deine Stärken eigentlich in einem anderen Bereich liegen und sich auch deine Leidenschaft für das, was du tust, in Grenzen hält.

Vocation und Profession **ohne** Passion und Mission

Wenn du einen Beruf gefunden hast, in dessen Rahmen du deine Stärken ideal einsetzen kannst und der dir ausreichend Geld zur Sicherung deines Lebensunterhalts einbringt, bist du im Hinblick auf die Berufswahl deutlich näher am Lebensglück als es die meisten Menschen von sich behaupten können. Sofern du nicht zeitgleich einen allgemeinnützigen Beitrag leisten und deine Leidenschaft ausleben kannst, fühlst du dich aber höchstwahrscheinlich trotz allem leer, unerfüllt und irgendwie unzufrieden.

Profession und Passion **ohne** Mission und Vocation

Dort, wo deine Stärken liegen, ist auch deine Leidenschaft angesiedelt – ein tolles Gefühl. Überschattet wird es aber davon, dass du dich gelegentlich nutzlos fühlst. Du hast den Eindruck, dass kein wirklich großer Sinn hinter dem steckt, was du tust, und empfindest dein Dasein daher als austauschbar. Was würde sich denn schon ändern, wenn du von heute auf morgen aufhören würdest? Leider kaum etwas bis gar nichts. Was dir fehlt, ist eine zielgerichtete, sinnstiftende Aufgabe. Außerdem hast du es noch nicht geschafft, deine Stärken und das, was du liebst, auf finanzieller Ebene gewinnbringend einzusetzen.

Ikigai: Das vollständige Puzzle des Glücks

Dort wo sich Passion, Mission, Vocation und Profession treffen, liegt das Ikigai. Keiner dieser Pfeiler darf fehlen, denn dieses Fehlen bedeutet immer und ausnahmslos, dass ein wesentlicher Bestandteil des Ikigais abhandengekommen ist oder aber niemals vorhanden war. Wie du für dich selbst herausfinden kannst, wodurch sich deine Passion, Mission, Vocation und Profession definieren und wie du es schaffen kannst, diese vier Stücke des leckeren Kuchens zu „backen“ und zu kombinieren, erfährst du in Kapitel 9.

Das Wichtigste in Kürze

- ✓ Ikigai kann grob mit „Das, was das Leben wertvoll macht“ oder „das Lebenswerte“ übersetzt werden.
- ✓ Die japanische Philosophie bezieht sich auf das Finden der persönlichen Zufriedenheit, des Lebensglücks und der Erfüllung. Dieser Zustand wird – genau wie die Philosophie selbst – Ikigai genannt.
- ✓ Die Philosophie ist von fünf Kerngedanken geprägt, zu denen mitunter das Sein im Hier und Jetzt und das Loslassen gehören.
- ✓ Das Ikigai Modell entspringt vier Bereichen (Was du liebst, was die Welt braucht, womit du Geld verdienst und was du gut kannst), deren Überschneidungen wiederum vier Bereiche (Passion, Mission, Vocation und Profession) bilden. Die Schnittmenge der vier letztgenannten Bereiche ist das Ikigai.
- ✓ Fehlen Teilbereiche, kann das Ikigai nicht erreicht werden, weshalb es unabdingbar ist, sich mit allen genannten Aspekten auseinanderzusetzen.

Kapitel 2: Ursprung und Entwicklung der Ikigai Philosophie

Leider ist über den Ursprung und die Entwicklung der Ikigai Lebensphilosophie nicht allzu viel bekannt. Es gibt kaum Zahlen und Fakten, die als gesichert gelten, und nur wenige wirklich ausreichend belegte Theorien, dafür zahlreiche Vermutungen und Hypothesen, die teils jeder Grundlage entbehren. Wir begnügen und in diesem Kapitel daher mit dem Wissen über Herkunft, Verständnis und Verbreitung der Ikigai Philosophie, das allgemein als etabliert und zum größten Teil belegt gilt. Entsprechend fällt Kapitel 2 relativ kurz aus.

14. Jahrhundert: Die vermutlich erste Verwendung des Begriffs Ikigai

Unserem heutigen Kenntnisstand zufolge wurde der Begriff Ikigai erstmals im 14. Jahrhundert in schriftlicher Form verwendet. Dies geschah innerhalb des Taiheiki, einem historischen Epos, der sich mit der Nambouk-Zeit, einer Zeit der politischen Auseinandersetzungen, befasste. Zur ungefähr selben Zeit tauchte der Begriff in der sogenannten Kojin Erzählung von Natsume Sojeski, einem berühmten japanischen Schriftsteller der damaligen Zeit, auf.

Bis 1950: Ikigai und Shinigai

Was die Bedeutung von Ikigai betrifft, so wurde diese bis ungefähr zur Mitte des 20. Jahrhunderts häufig mit Shinigai gleichgesetzt. Shinigai bedeutet übersetzt in etwa „Wofür es sich zu sterben lohnt." An diesem Punkt lässt sich eine philosophische Frage aufwerfen: Sind das, wofür es sich zu leben lohnt, und das, wofür es sich zu sterben lohnt, wirklich gleichbedeutend? Oder anders gefragt: Was sagt es über einen Zeitgeist aus, wenn diese beiden Bedeutungen gleichgesetzt werden? Fakt ist, dass das Wort Ikigai zu dieser Zeit fast ausschließlich in Verbindung mit Nationalstolz, Patriotismus und Treue zum Kaiser beziehungsweise zum herrschenden Gefüge verwendet wurde.

Nach 1950: Ikigai im Wandel

Dies änderte sich mit dem ökonomischen Aufschwung Japans in den 1960er Jahren, der zu einem verbesserten Lebensstandard großer Teile der Bevölkerung führte. Es fand ein Umdenken statt und Ikigai wurde immer klarer von Shinigai differenziert. Nach langer Zeit rückte das Thema wieder in den Fokus der öffentlichen Aufmerksamkeit, wurde von zahlreichen Zeitschriften und Büchern behandelt und erlebte einen waschechten Boom.

Heute: Das moderne Ikigai der Selbsterfüllung

Heute wird Ikigai so gut wie gar nicht mehr mit der Bereitschaft, für etwas – zum Beispiel für die Regierung oder das Heimatland – zu sterben, in Zusammenhang gebracht. Zwar wird die Debatte rund um Ikigai und Shinigai vereinzelt immer wieder aufgeworfen, im Wesentlichen herrscht jedoch Konsens: Bei Ikigai geht es nicht ums Sterben oder um die Hingabe des Lebens für höhere, nationale Zwecke, sondern um das pure Leben. Es geht um Lebenslust, Lebensfreude, ein positives Lebensgefühl, die Selbsterfüllung und -verwirklichung sowie den Sinn im Leben. Das moderne Ikigai, so wie es heute verstanden wird, ist zwar immer noch größtenteils in Japan und im asiatischen Raum ein Begriff, hat sich aber auch seinen Weg in andere Teile der Erde, darunter nach Europa und in die USA, gebahnt. Hier in Deutschland fühlen sich viele Menschen stark davon angesprochen: Mit Ikigai finden sie eine Bezeichnung für das, wonach sie sich sehnen – denn ein gleichbedeutendes Wort gibt es in der deutschen Sprache nicht.

Okinawa: Die Inseln der Hundertjährigen

Der Bevölkerung der Okinawa Inseln, einer Inselgruppe im Ostchinesischen Meer, ist dagegen das Wort „Ruhestand“ unbekannt. Dort trifft man teils auf über 90-jährige Menschen, die weit mehr als „rüstige Rentner“ sind. Sie sind agil, packen das Leben mit beiden Händen und werken, tüfteln, malen, tanzen und laufen als wäre das Alter an ihnen vorbeigegangen. Tatsächlich ist die Zahl der über hundertjährigen Bewohner auf den Okinawa Inseln überdurchschnittlich hoch, weshalb sie auch als „Inseln der Hundertjährigen“ bekannt sind. Die Ältesten sind zwar nicht faltenfrei, sondern gewohnt ergraut, jedoch immer noch aktiv und energiegeladen. Die meisten denken noch nicht einmal daran, es so langsam ruhiger angehen zu lassen. Aber was steckt hinter dieser erhöhten Lebenserwartung? Welches Geheimnis der Jugend kennt die Bevölkerung der Okinawa Inseln, das uns in der westlichen Welt zu fehlen scheint? Forscher finden eine mögliche Erklärung im Ikigai. Demnach besitzen die Menschen auf Okinawa ein besonders hohes Ikigai, das ihnen eine zuversichtlichere, optimistischere und zufriedenere Lebensweise beschert. Ikigai wird auf den Inseln und insbesondere in dem kleinen Örtchen Ogimi, das mit einer selbst für Okinawa außergewöhnlich hohen Lebenserwartung auftrumpft, in einer Gemeinschaft gelebt und auch gemeinschaftlich verstanden. Die Bewohner sind untereinander vernetzt, können sich aufeinander verlassen und legen ein großes Vertrauen in die Gemeinschaft. Daraus resultiert zum einen ein Zugehörigkeitsgefühl, zum anderen ein Gefühl von Geborgenheit und Sicherheit. Die Okinawa Inseln zeigen demnach auf, dass Ikigai nicht nur im „jeder für sich“, sondern vor allem auch im „alle gemeinsam“ gelebt werden kann.

Das Wichtigste in Kürze

- ✓ Der Begriff Ikigai taucht in Schriften aus dem 14. Jahrhundert auf. Auch wenn der Ursprung der Philosophie womöglich weitaus früher anzusiedeln ist, gibt es hierfür keine Belege.
- ✓ Bis zur Mitte des 20. Jahrhunderts wurden Ikigai (wofür es sich zu leben lohnt) und Shinigai (wofür es sich zu sterben lohnt) oft gleichgesetzt.
- ✓ Mit dem wirtschaftlichen Aufschwung Japans in den 1960er Jahren entfernten sich Shinigai und Ikigai im Verständnis der Bevölkerung zusehends weiter voneinander.

- ✓ Heute herrscht überwiegend Konsens darüber, dass sich Ikigai wenig auf das Sterben und vielmehr auf die Lebenslust, den Lebenssinn und die Lebensfreude bezieht.
- ✓ Die Okinawa Inselgruppe, die umgangssprachlich als „Inseln der Hundertjährigen“ bekannt ist, beherbergt eine überdurchschnittliche Zahl von Bewohnern, die über hundert Jahre alt sind. Forscher vermuten, dass das Ikigai hierfür (mit-) verantwortlich sein könnte.

Kapitel 3: Grundlagen und Ziele der Ikigai Methode

Nachdem du das Ikigai Modell und die Kerngedanken dieser besonderen Lebensphilosophie in Kapitel 1 kennengelernt hast, tauchen wir nun tiefer in die Materie ein und widmen uns den Grundlagen des Ikigais, die bislang nicht explizit besprochen wurden sowie den konkreten Zielen der japanischen Philosophie. Zwischen Grundlagen und Zielen kann dabei nicht klar unterschieden werden. Denn, jede Grundlage zu verstehen, zu verinnerlichen und umzusetzen ist für einen Menschen, der diese neu kennenlernt, zunächst einmal ein Ziel. Erst aus diesen vielen „kleinen" Zielen, ergibt sich in der Summe das „große" Endresultat, das Ikigai.

Individualität

Die Individualität ist eine der wohl wichtigsten Grundlagen des Ikigais. Die Philosophie erkennt die Verschiedenheit der Menschen als einzigartige Individuen nicht nur an, sondern macht sie zu einem zentralen, bedeutungsvollen und unumgehbaren Element. Erinnere dich an das Ikigai Modell aus Kapitel 1 zurück: Was haben das, was du liebst, das, wofür du bezahlt wirst, das, was die Welt (von dir) braucht und das, was du gut kannst, gemeinsam? Richtig, dich. Du bist der Mittelpunkt, um den sich alles dreht. Ikigai schreibt dir nicht vor, was du zu mögen, anzustreben, beizutragen, zu verdienen oder zu können hast – vielmehr fragt es dich persönlich, wie deine individuelle Realität in diesen Punkten aussieht. Dazu gehört – und das ist wichtig – auch die Erkenntnis, dass alle anderen Lebewesen, genau wie du, Individuen sind. Du brauchst dich also nicht mit ihnen zu vergleichen oder ihnen nachzueifern, denn ihr Weg zum Ikigai unterscheidet sich von deinem. Genauso wenig ist es zweckdienlich, andere für das, was sie lieben und womit sie ihr Geld verdienen, zu verurteilen oder sie um den Beitrag, den sie leisten, oder die Stärken, die sie mitbringen, zu beneiden. Denn ihr Weg zum Ikigai – ob sie ihn nun bewusst beschreiten oder noch nicht einmal von Ikigai gehört haben – ist anders als deiner. Das heißt aber nicht, dass dich die Leidenschaften, Berufungen, Stärken und Beiträge anderer Menschen nicht inspirieren oder motivieren dürfen. Passe dich nicht an, um Unterschiede zu eliminieren, sondern konzentriere dich auf potenzielle Gemeinsamkeiten, die dich inspirieren und auf deinem Weg zum Ikigai voranbringen können.

Gemeinschaftssinn

Was wir von den Bewohnern der Okinawa Inseln (siehe Kapitel 2) lernen können, ist der Sinn für die Gemeinschaft: sich helfen zu lassen, anderen zu helfen, Vertrauen zu schenken und Vertrauen entgegengebracht zu bekommen, zu unterstützen und Unterstützung anzunehmen. Es geht darum, zu erkennen, dass viele Individuen eine Gemeinschaft bilden können, zu der sie sich trotz aller Unterschiede zugehörig fühlen und auf die sie sich verlassen können. Etwas für einen anderen zu tun, ist oft zufriedenstellender, als etwas für sich selbst zu tun. Vor allem dann, wenn man weiß, dass dieser andere mindestens genauso viel für einen selbst tun würde. Im Endeffekt bekommt man durch den Gemeinschaftssinn genau das, was die Bewohner Ogimis haben: Zugehörigkeit, Sicherheit, Geborgenheit und eine vollständige Akzeptanz und Wertschätzung dessen, was man als Individuum ist und in die Gemeinschaft einbringt.

Achtsamkeit und Selbstreflektion

Die Achtsamkeit erstreckt sich hier über zwei Bereiche: Einmal die Achtsamkeit in Bezug auf das eigene Erleben, Denken, Fühlen, Handeln und Tun, aber auch auf die Achtsamkeit gegenüber unserer Mitmenschen. Durch die Selbstreflektion, also die Achtsamkeit in Bezug auf dein Inneres, kannst du herausfinden, was dir wichtig ist, in welchen Situationen du dich schlecht fühlst und wie du dich fühlst, wenn du wirklich zufrieden bist. Bist du zusätzlich achtsam gegenüber deinen Mitmenschen, fällt dir auf, wenn deine beste Freundin Kummer hat, dein Kumpel nicht mehr weiterweiß oder deine Mutter beruflich so überlastet ist, dass sie sprichwörtlich „auf dem Zahnfleisch läuft.“ Dies versetzt dich in die Lage, einen wertvollen Beitrag für die Gemeinschaft leisten zu können: In diesem Beispiel kannst du deiner Freundin eine Schulter zum Ausheulen anbieten, deinem Kumpel dabei helfen, eine Lösung für seine Probleme zu finden und deine

Mutter im Alltag, zum Beispiel durch das Erledigen von Einkäufen oder Arbeiten im Haushalt, entlasten.

Harmonie, Nachhaltigkeit und Umweltbewusstsein

Da das große Ganze mitunter „unsere" Erde, die Natur und die Tierwelt umfasst, hat das, was die Welt braucht, viel mit Umwelt- und Naturschutz, Nachhaltigkeit und Tierschutz zu tun. Wir Menschen haben die Umwelt, die Natur und die Tierwelt in einen höchst kritischen Zustand gebracht und so ist es unsere Aufgabe, alles in unserer Macht Stehende zu tun, um ihr zu helfen. Kein Individuum kann all das bewältigen. Doch wenn sich der eine für den Artenschutz, der andere für den Naturschutz und der nächste für eine nachhaltige Lebensweise einsetzt, kann ein harmonisches Leben im Einklang mit Moral und Natur stattfinden.

Bezug zur Realität, oder: Warum Kompromisse notwendig sind

Wer die individuelle Realität nicht klar sieht, kann sich auf dem Weg zum Ikigai leicht verirren, nur um scheußlich frustriert auf dem Boden der Tatsachen zu landen. Ein Beispiel:

Lisa ist gerade 18 geworden und befasst sich seit Neustem mit dem Ikigai Modell. Antworten auf die wichtigsten Fragen hat sie auch schon parat: Sie liebt Mode – vor allem teure Markenkleidung –, will ihren Beitrag durch das Designen von Klamotten aus nachhaltigen Materialien leisten, hat Kompetenzen im Bereich des Zeichnens und der Inspirationsfindung und ist sich sicher, dass sie als Designerin Geld verdienen kann. Das klingt auf den ersten Blick sehr stimmig und rund. Schaut man aber genauer hin, hat Lisa ihre Zeichenkünste falsch eingeschätzt, denn diese sind eher mittelmäßig. Außerdem ist sie sich nicht im Klaren darüber, dass nur ein Bruchteil aller Modedesigner eine Anstellung bei großen Labels findet, innovative, nachhaltige Kleidung kreieren darf und wirklich gut verdient. Hinzu kommt, dass Lisa in einer provinziellen Kleinstadt lebt, die sie nicht verlassen möchte, und ihr das Abitur fehlt, das sie braucht, um ein Studium in diesem hart umkämpften Bereich beginnen zu können. Lisa mangelt es an Selbstreflektion und an einer realistischen Sichtweise auf ihre aktuelle Situation. Natürlich: Lisa könnte ihr Abitur nachholen, sich im Zeichnen üben und ihr Ikigai tatsächlich auf diesem Wege finden. Aber eben nur, wenn es ihr gelingt, realistisch zu denken, die Risiken abzuwägen und die Herausforderungen einzuschätzen. Möglicherweise wäre ein Kompromiss die beste Lösung: Lisa könnte beispielsweise eine Ausbildung zur Schneiderin machen und sich von der Idee, für High-End-Labels zu designen, verabschieden. Stattdessen könnte sie ihr eigenes Label herausbringen und dort nachhaltige Mode zu erschwinglichen Preisen anbieten.

Dieses überspritzt dargestellte Beispiel soll dir zeigen, wie wichtig der Bezug zur Realität ist, welcher wiederum kaum ohne Achtsamkeit und Selbstreflektion bewahrt werden kann. Die Realität muss im Übrigen nicht immer ein „harter Boden" sein. Ihre Gestaltung kann zu neuen Ansätzen führen und Möglichkeiten eröffnen, an die man auf Anhieb vielleicht gar nicht gedacht hätte.

Reichtum auf verschiedenen Ebenen

"Der Planet braucht keine erfolgreichen Menschen mehr. Der Planet braucht dringend Friedensstifter, Heiler, Erneuerer, Geschichtenerzähler und Liebende aller Arten." – Dalai Lama

Das bekannte Zitat des Dalai Lamas geht nicht unbedingt mit dem Ikigai Modell konform, liefert aber eine Sichtweise, die an dieser Stelle hervorgehoben werden soll. Die Welt braucht Menschen, die sich um die Umwelt und den Artenschutz kümmern, Menschen, die gegen Armut und für eine faire Bezahlung kämpfen, Menschen, die mit ihrer Form der Unterhaltung von den Krisen dieser Welt ablenken oder aber auf Problematiken aufmerksam machen, die unterzugehen drohen. Wir brauchen Heiler – und damit sind nicht nur Allgemeinmediziner, sondern auch Psychotherapeuten, Traumaspezialisten, gute Freunde mit einem offenen Ohr, Suchtmentoren und gute Vorbilder gemeint –, wir brauchen innovative Geister, die uns Zukunftsmodelle präsentieren, mit denen sich zum Beispiel der Klimawandel stoppen lässt, und wir brauchen Liebende und Friedensstifter, die für Geflüchtete und

Minderheiten sowie gegen Unterdrückung und Hass kämpfen. Nach Ikigai bedeutet das aber nicht, dass all diese Menschen nicht auch finanziell erfolgreich sein können. Es ist möglich, reich an Liebe, Gemeinschaftsgeist, Engagement und Ideen zu sein und gleichzeitig Reichtum auf finanzieller Ebene zu erzielen. Reichtum bedeutet hier aber nicht, Milliarden auf der Seite zu haben und sich eine teure Villa nach der nächsten zu kaufen. Es bedeutet, sich sein Leben finanzieren zu können und das, was übrig bleibt, nicht im Überfluss zu verprassen, sondern sinnstiftend zum Wohle der Allgemeinheit einzusetzen.

„Sorglosigkeit"

Selbst Menschen mit hohem Ikigai, die es geschafft haben, zu ihrer Schnittmenge aus Passion, Mission, Vocation und Profession zu finden, sind nicht frei von Sorgen. Sie sorgen sich genauso um die kranke Mutter, den insolventen Bruder, die frisch getrennte beste Freundin und die eigene Gesundheit, wenn zum Beispiel eine invasive OP ansteht. Ein wirklich sorgenfreies Leben hat man höchsten als absoluter Glückspilz oder als gefühlloser, gleichgültiger und angstfreier Psychopath. Ikigai hilft jedoch dabei, besser mit den Sorgen, die das Leben einem zuteilwerden lässt, zurechtzukommen. Sich nicht darin zu verlieren, nicht unterzugehen und zügig zurück zu einer optimistischen, zuversichtlichen Grundhaltung zu finden. Die bereits erwähnte radikale Akzeptanz unterstützt als Grundpfeiler des Ikigais zudem dabei, sich nur dann Sorgen zu machen, wenn es wirklich notwendig ist. Sein Ikigai gefunden zu haben, bedeutet also nicht, sorglos zu leben, sondern sich nur dann zu sorgen, wenn es realistisch angemessen ist, und relevante Sorgen besser überstehen zu können.

Leidenschaft und Sinnhaftigkeit

Leidenschaft und Sinnhaftigkeit sind ein Dreamteam, das sich gegenseitig stützt und befeuert. Was dir Spaß macht, dich beflügelt und immer wieder ein kleines Feuer der Freude in dir entzündet, wird in Verbindung mit einem perspektivgebenden und antreibenden Sinn zu einem wahren Feuerwerk. Ein Beispiel:

Thomas übt sich seit seiner Kindheit im Zaubern und hat so einige Tricks drauf, die er laufend optimiert und ausbaut. Seine Faszination für die Zauberkunst hat ihn im Erwachsenenalter nicht verlassen, sondern sich sogar noch verstärkt und Thomas ist es gelungen, mit Zaubershows auf Geburtstagen und Firmenevents ein lukratives Nebeneinkommen zu erzielen. Wirklich glücklich machen ihn aber die Vorstellungen, die er am Wochenende kostenlos gibt: Wenn er die leuchtenden Kinderaugen sieht und es wieder einmal schafft, die kleinen Patienten des lokalen Kinderkrankenhauses für eine halbe Stunde von ihren Schmerzen und Sorgen abzulenken, übertrifft dies alles, was er ansonsten so mit seiner Zauberei erlebt.

Glück und Zufriedenheit

Alle beschriebenen, zielführenden Grundlagen dienen einem Zweck: Sie sollen zum Ikigai, zur Zufriedenheit und zum persönlichen Lebensglück, führen. Der Weg dorthin ist – wie könnte es auch anders ein – individuell und verläuft zudem nur äußerst selten linear. Für die meisten Menschen bedeuten die Suche nach und die Arbeit hin zum Ikigai ein umfassendes Dazulernen, jede Menge Ausprobieren, Vorankommen durch Versuch und Irrtum, Hinausdenken über den Tellerrand, Geduld und das Akzeptieren von Umwegen, wenn der direkte Weg nur auf den ersten Blick schneller zum Ziel führt.

Kapitel 4: Von Wabi-Sabi, Kintsugi und Kodawari

Wabi-Sabi, Kintsugi und Kodawari – drei Themen, die im Grunde für sich allein stehen, aber dennoch in der ein oder anderen Weise mit Ikigai verknüpft sind. Wir befassen uns mit diesen Themen, da sie dir als wunderbare Inspiration dienen und dich in Form von philosophischen Ansätzen, gedanklicher Einstellung und praktischen Ideen auf deiner Reise zum ausgeprägten Ikigai begleiten können. Was du brauchst, um von den Informationen dieses Kapitels profitieren zu können, ist eine gute Portion Offenheit und den Willen, dich darauf einzulassen. Denn von der westlichen Welt geprägt, können die Einblicke in die traditionsreichen japanischen Konzepte auf uns zunächst etwas seltsam wirken. Gerade darin liegt aber ihre Macht, uns zu neuen, lehr- und aufschlussreichen Perspektiven zu verhelfen.

Wabi-Sabi: Die Ästhetik des Unvollkommenen

Was es ist

Wabi-Sabi ist eine Weltanschauung, die sich auf die Ästhetik und die Schönheit des Natürlichen bezieht. Wenn in der westlichen Welt von natürlicher Schönheit gesprochen wird, dann kommt diese nicht ohne Vollkommenheit aus. Sie soll makellos und möglichst perfekt sein. Mit Natur hat das aber, wenn wir mal ehrlich sind, nicht mehr viel zu tun. Denn die Natur hat Launen, Ecken und Kanten, Lücken, Asymmetrien und reichlich davon, was wir nur allzu schnell als „Fehler“ deklarieren. Wabi-Sabi findet die Schönheit hingegen ausgerechnet im Unperfekten, Unvollkommenen, vermeintlich Fehlerhaften und nicht künstlich auf Biegen und Brechen „Optimierten“. Eine genaue Übersetzung des Begriffs ins Deutsche ist nicht möglich, eine Annäherung dafür aber umso erkenntnisbringender: „Wabi“ steht für das Einfache und das Unvollkommene, während „Sabi“ dem Konzept einen zeitlichen Aspekt in Form der Vergänglichkeit und der Wirkung, welche die Zeit auf alles Natürliche hat, beifügt. In diesem Licht betrachtet ist es das

Natürlichste der Welt, das Altern, die Veränderung und die Unvollkommenheit als besonders rein und ästhetisch anzusehen.

Die Bedeutung in der japanischen Kultur

Historisch ist Wabi-Sabi nicht vom in Japan verbreiteten Buddhismus zu trennen. Der religiöse Hintergrund ist heute jedoch nicht mehr wirklich präsent und auch Menschen, die nicht buddhistisch leben und glauben, finden Trost, Freude und Inspiration in Wabi-Sabi. Ausdruck wird dem Konzept gerne durch künstlerisches Schaffen verliehen. Beim Kreieren von Kalligraphien, Malereien, Skulpturen, Keramikobjekten, Blumenarrangements und Einrichtungsgegenständen haben Künstler längst nicht mehr nur in Japan Wabi-Sabi im Hinterkopf. Für den Schaffensprozess ist der ästhetische Wert von scheinbaren Fehlern, Unregelmäßigkeiten, Schlichtheit und Natürlichkeit in ihrer ganz ursprünglichen Art und Weise eine Bereicherung, die Freiheiten, Harmonie im Inneren und Äußeren sowie das Sein, Werden und Vergehen ohne den Zwang der Anpassung oder der Perfektion erlaubt.

Der Zusammenhang mit Ikigai

Wenn du zu den Perfektionisten gehörst, die selten mit sich zufrieden sind, immer danach streben, „noch besser“ zu werden und viel zu oft „nicht gut genug“ denken, ist Wabi-Sabi womöglich genau das, was du brauchst, um deinem Ikigai näher zu kommen. Das Konzept beruht schließlich darauf, die Dinge nicht nur so zu akzeptieren, wie sie sind, sondern sie trotz ihrer „Fehler“ schön zu finden und mit ihnen zufrieden sein zu können. Vielleicht muss so manches an dir, in deiner Umgebung und in deinem Leben gar nicht verändert und vermeintlich verbessert werden, weil es schon gut ist. Vielleicht hindern dich nicht die Fehler, Makel und Unvollkommenheiten daran, zufrieden zu sein, sondern die Art und Weise, auf die du sie betrachtest.

Was du daraus lernen kannst

- Schönheit und Ästhetik sind nicht gleichbedeutend mit Perfektion, Makellosigkeit und Vollkommenheit.
- Eine Veränderung der Sichtweise ist der Veränderung dessen, was als „nicht gut genug" betrachtet wird, oft vorzuziehen.
- Schönheit kann roh, kantig, lückenhaft, einfach, unvollkommen, gewöhnlich, andersartig und unvollständig sein.
- Als Teil der Natur bist du den Auswirkungen der Zeit unterworfen und auch das ist schön.
- Wenn Natürlichkeit in all ihren Facetten und Spielarten schön ist, ist das Wort „Schönheitsideal" ein in sich widersprüchliches Konstrukt, das einen großartigen Nährboden für Unzufriedenheit darstellt.
- Du bist schön und das, was du als „Makel" oder „Problemzone" einstufst, trägt zu deiner Ästhetik bei.

Kintsugi: Der Wert des Zerbrochenen

Was es ist

Kintsugi ist eine traditionelle japanische Methode, zerbrochene Keramikgegenstände zu reparieren. Das klingt aufs Erste viel weniger spannend, als es tatsächlich ist. Es gibt kaum eine praktische Technik, mit deren Hilfe sich das Wabi-Sabi Konzept besser verbildlichen lässt. Das Vorgehen gestaltet sich wie folgt: Die Keramikstücke werden mit dem natürlichen Urushi-Lack geklebt, wobei gänzlich fehlende Stücke durch mehrere Schichten Urushi-Lack ersetzt werden. Der noch feuchte Lack wird mit Silber-, Gold- oder Platinpigmenten bestäubt, bevor das zusammengefügte Keramikobjekt gründlich poliert wird. Durch das Polieren erhält das Material einen hübschen Glanz und die Lackverbindungen fügen sich so glatt in das Gesamte ein, dass die Übergänge mit den Fingern kaum noch zu ertasten sind.

Die Bedeutung in der japanischen Kultur

Kintsugi wird seit vielen Jahrhunderten praktiziert und von Künstlern und Japan-Fans auf der ganzen Welt ausprobiert. In der japanischen Kultur ist die Methode zur Reparatur von Keramik und Porzellan nicht wegzudenken und fungiert als praktisch umgesetzte Erinnerung und Verwirklichung des Wabi-Sabi Konzepts.

Der Zusammenhang mit Ikigai

Was tust du, wenn dir eine Müslischale aus Keramik herunterfällt und in viele Teile zerspringt? Die übliche Handlung in unserer Konsum- und Wegwerf-Gesellschaft wäre es, die Schale in die Tonne zu schmeißen und eine neue zu kaufen. Selbst wenn du dir die Zeit nehmen würdest, sie zu reparieren, würde sie doch nie wieder so schön und funktional werden, wie sie es zuvor war, oder? Würdest du dich entgegen aller Wahrscheinlichkeit dazu entschließen, die Schale zu reparieren, hättest du vermutlich den Anspruch, die Einzelteile möglichst so zusammenzufügen, dass die Bruchstellen so wenig wie möglich auffallen. Die Kintsugi Methode stellt das krasse Gegenteil dazu dar: Die Bruchstellen werden durch die glänzende Pigmentierung extra hervorgehoben. Man versucht erst gar nicht, sie zu verstecken, um den Eindruck zu erwecken, die Schale wäre niemals zerbrochen. Stattdessen zelebriert man die Schwachstellen und das neue Zusammenfügen von Zerbrochenem, indem man die Keramik ausgerechnet an den geschädigten Stellen mit Edelmetallen aufwertet. Traditionelles Kintsugi ist zeitaufwändig und es dauert wesentlich länger und ist nicht selten teurer, ein Gefäß zu reparieren, als ein neues zu kaufen. Kintsugi steht also im grellen Kontrast zum klassischen Konsumverhalten und trägt auch durch den Nachhaltigkeitsaspekt zum Ikigai bei. Die Methode ist pures Upcycling. Mit Kintsugi ist es möglich, eigentlich „kaputte" Gegenstände ressourcenschonend und umweltfreundlich noch wertvoller, schöner und besonderer zu machen als sie es vor ihrem Zerbrechen waren.

Was du daraus lernen kannst

- Reparierte Dinge sind nicht zwangsläufig weniger schön oder wertvoll als Dinge, die nie kaputt gegangen sind.
- Zeit und Geld ist nicht alles, was zählt.
- Nachhaltigkeit lässt sich besser umsetzen, wenn sie nicht auf einer Kosten-Nutzen-Rechnung basiert.
- Genau wie Keramikschalen können Menschen unter Umständen in tausend Teile zerschellen, die mühsam und zeitaufwändig zusammengeklaubt und neu angeordnet werden müssen. Nicht alle „Bruchstellen“ lassen sich dabei ausradieren oder vertuschen und das ist auch nicht nötig. Sie repräsentieren Stärke, werden zum Ausdruck der Mühen, die das Zusammensetzen gekostet hat, und sind zu aussagekräftig und wertvoll, als dass man sie verstecken müsste.
- Unversehrtheit ist keine Voraussetzung für Schönheit und einen hohen Wert.

Kodawari: Beharrlichkeit und Engagement

Was es ist

Kodawari ist eine Geisteshaltung, die man bei einem Aufenthalt in Japan fast schon greifbar erleben kann – und das im ganz normalen Alltag. Diese Geisteshaltung, die viele Japaner bedingt durch ihre Erziehung und die Gesellschaft, in der sie aufwachsen, ganz automatisch an den Tag legen, lässt sich vereinfacht auf zwei Aspekte reduzieren: Beharrlichkeit und Engagement. Die Beharrlichkeit, den eigenen Standards entsprechend zu leben und ihnen fernab von externem Leistungsdruck gerecht zu werden. Und ein Engagement, das unabhängig vom Kontext immer ein bisschen größer ist als das, was eigentlich ausreichen würde. Nicht angetrieben vom Chef, der Familie oder dem Freundeskreis, sondern aus dem eigenen Innersten heraus. Zeitgleich wird Kodawari unterschwellig auch mit einer Negierung des Ichs in Verbindung gebracht, was die Einflüsse des Zen-Buddhismus unabstreitbar macht. Es ist die Verinnerlichung des Gemeinschaftssinns, der oftmals über die Bedürfnisse und Ziele des Ichs gestellt wird, in Kombination mit dem intrinsisch motivierten Streben nach einem Mehr im Weniger. Auch hier ist nicht Perfektion, sondern Zufriedenheit Maßstab und Ziel.

Die Bedeutung in der japanischen Kultur

Sieht man sich die japanische Kultur und Gesellschaft an, kommt man nicht umhin, zu bemerken, dass Kodawari hier allgegenwärtig ist. Demut, Selbstbeherrschung, unerschöpflicher Einsatz – und das alles, ohne eine Belohnung, Komplimente und Lob zu erwarten oder auch nur zu brauchen. Die Motivation kommt von Innen und eine Bestätigung von außen wird erst gar nicht gesucht.

Der Zusammenhang mit Ikigai

Die Geisteshaltung Kodawari ist eine ideale Grundvoraussetzung, um Passion, Mission, Vocation und Profession auf lange Sicht unter einen Hut zu bekommen. Denn es braucht durchaus Durchhaltvermögen und Engagement, um sich und sein Leben reflektiert zu betrachten und schließlich effektive Maßnahmen zu ergreifen und durchzuführen, sodass im Gesamten das Ikigai zustande kommt.

Was du daraus lernen kannst

- Engagement muss keine Ausnahme sein, die man zu besonderen Gegebenheiten hervorkramt und dann wieder im eigenen Inneren verstauben lässt.
- Je öfter du eine demütige, engagierte, beharrliche Haltung im Geiste einnimmst, desto leichter fällt es dir und desto automatischer gehst du Dinge auf diese Weise an.
- Intrinsische Motivation, also ein Antrieb, der von innen kommt, ist immer stärker, nachhaltiger und wird positiver gefühlt als extrinsische Motivation, also ein Antrieb von

außen. Das gilt insbesondere, weil extrinsische Motivation oftmals einen gewissen Druck auf uns ausübt.

Das Wichtigste in Kürze

- ✓ Wabi-Sabi ist eine Weltanschauung, die Schönheit und Ästhetik nicht trotz, sondern gerade wegen Fehlern, Lücken, Unvollkommenheiten und vermeintlichen Makeln erkennt. Vor allem Perfektionisten und Menschen, denen selten etwas (inklusive ihrer selbst) „gut genug“ ist, kann das Wabi-Sabi Konzept wertvolle neue Perspektiven schenken.
- ✓ Kintsugi ist eine Technik, mit der zerbrochene Keramikobjekte repariert werden. Dabei werden die Teile mit Urushi-Lack und Pigmenten aus Edelmetallen zusammengefügt. Man versucht nicht, die Bruchstellen zu verstecken, sondern hebt sie sogar bewusst hervor und verleiht dem ehemals „kaputten“ Gegenstand einen neuen Wert.
- ✓ Kodawari ist eine Geisteshaltung, die sich durch Engagement, Beharrlichkeit und Gemeinschaftssinn, treffender formuliert sogar Altruismus, auszeichnet.

Kapitel 5: Die Vorteile – Warum sich jeder Schritt zum Ikigai lohnt

Die einfachste Antwort darauf, warum du dich mit dem Ikigai befassen und Schritte in Richtung deines persönlichen Ikigais identifizieren und gehen solltest, lautet: Damit du glücklich und zufrieden leben kannst. Sieht man etwas genauer hin, verbirgt sich jedoch viel, viel mehr dahinter. Denn Glück ist ein Mosaik, das aus einer Vielzahl kleiner, ausgewählter und exquisiter Teilchen besteht.

Ausbruch aus dem „Hamsterrad"

Viele Menschen verfolgen in ihrem Leben einen Plan, ohne jemals richtig darüber nachgedacht zu haben, ob sie dieser Plan – wenn er denn aufgeht – zum Glück führt. Sie machen ihren Abschluss, studieren an einer renommierten Uni, ergattern ihren ersten tollen Job, finden einen Partner, heiraten, werden befördert, bekommen Kinder und erreichen ein Ziel nach dem nächsten, nur um irgendwann festzustellen, dass sie trotzdem nicht glücklich sind. Diese Menschen haben im Auge der Gesellschaft alles richtig gemacht und müssen dennoch der bitteren Erkenntnis ins Gesicht blicken, dass ihre Ziele vielleicht zu Vermögen, einem Eigenheim und einer Familie geführt haben, aber sich nicht als das große Glück entpuppt hatten, das sie doch so sicher versprachen. Diese Erkenntnis, im umgangssprachlichen „Hamsterrad" festzustecken, macht Angst und ist alles andere als leicht zu verdauen. Deshalb schlummert sie oft jahre- oder sogar jahrzehntelang semi-unterbewusst vor sich hin. Die Auseinandersetzung damit wird immer wieder auf „später" verschoben und die ganze Sache wird mächtiger und mächtiger, während man selbst älter und älter wird. In vielen Fällen braucht es ein einschneidendes Ereignis, zum Beispiel einen Todesfall, eine Scheidung, eine Erkrankung oder eine Kündigung, die einen fast schon dazu zwingt, sich mit der eigenen Existenz und der Frage danach, wie erfüllend diese schonungslos ehrlich betrachtet ist, zu beschäftigen. Das Ikigai Modell gibt in solchen Sinneskrisen Halt, zeigt einen Weg auf und unterstützt dabei, zielgerichtet und mutig Veränderungen vorzunehmen. Ein Tipp, der von Herzen kommt, für dich: Warte nicht darauf, dass dich eine Krise aufrüttelt. Nimm dir jetzt die Zeit, dich mit dir und deinem Leben zu befassen, und höre auf, diese wichtige Arbeit auf morgen, übermorgen, nächste Woche oder nächstes Jahr zu verschieben. Wenn du das Gefühl hast, ausbrechen zu müssen, dann tu es besser früher als später. Das Ikigai Modell hilft dir dabei, überlegt vorzugehen und Entscheidungen zu treffen, die du mit höchstmöglicher Wahrscheinlichkeit nicht bereuen musst.

Entdecken neuer Pfade

Durch die Beschäftigung mit dem, was du liebst, dem, was die Welt braucht, dem, womit du Geld verdienen kannst, und dem, worin du gut bist, entdeckst du neue Pfade, die zu beschreiten dir bislang vielleicht noch gar nicht in den Sinn gekommen ist. Du gewinnst Inspiration, sammelst Motivation und spürst eine innere Stärke, die dich dazu befähigt, vom für dich scheinbar vorgezeichneten Weg abzuweichen und zugunsten deiner Zufriedenheit neues Terrain zu betreten. Diese Erfahrung kann extrem befreiend sein, vor allem dann, wenn du dein Leben bis heute eher von gesellschaftlichen Erwartungen und der Norm leiten lassen hast. Das Beschreiten neuer Pfade bedeutet übrigens nicht, dass du alles andere und bisher gewohnte hinter dir lassen musst. Was für dich passt und zu deinem Lebensglück beiträgt, bleibt selbstverständlich. Du begibst dich lediglich auf die Suche nach Möglichkeiten, die Teile, die deinem Glück im Weg stehen, abzuändern, zu korrigieren oder gänzlich auszutauschen.

Setzen sinnvoller Prioritäten

Jeder von uns hat 24 Stunden pro Tag und 365 Tage im Jahr zur Verfügung, um das Beste aus seinem Leben zu machen. In dieser begrenzten Zeit ist nicht alles zu schaffen, weshalb unbedingt Prioritäten gesetzt werden müssen. Passiert das nicht, ist die Folge häufig ein halbherziges Tun vieler Dinge, was dazu führt, dass keines dieser Dinge so wirklich erfüllend oder auch nur zufriedenstellend erledigt und verfolgt werden kann. Das Streben nach Ikigai und die Arbeit mit dem Ikigai Modell erleichtern das Setzen sinnvoller Prioritäten – eine wertvolle Kompetenz für das gesamte Leben, ob nun im privaten oder im beruflichen Bereich.

Auseinandersetzung mit dem Ich

Sich wirklich mit sich selbst, seinen Werten, Eigenschaften, Stärken, Abneigungen, Vorlieben und Bedürfnissen sowie mit seiner Gegenwart, Vergangenheit und Zukunft auseinanderzusetzen ist ein hartes Stück Arbeit. Das gilt insbesondere dann, wenn man keinen anleitenden Therapeuten an seiner Seite hat, sondern sich immer wieder selbst dazu motivieren muss, sich dem eigenen Ich zu widmen. Die gute Nachricht ist, dass man hierfür im Normalfall keinen Therapeuten braucht. Denn auch eine Therapie mit Fokus auf das Ich ist nur so erkenntnisreich und fortschrittlich, wie der „Patient“ es erlaubt. Wenn du dich darauf einlassen kannst, dich dir selbst gegenüber öffnest, ehrlich bist und keine Mühe scheust, wirst du in der Beschäftigung mit deinem Ich Aha-Erlebnisse erreichen, die dich auf deinem ganzen weiteren Lebensweg begleiten und dir im positiven Sinne im Gedächtnis bleiben. Das Ikigai Modell führt dich „Step by Step“ in die Tiefe deiner selbst und hilft dir dabei, dich kennenzulernen, all deine Facetten zu erforschen und mehr zu dir selbst zu finden.

Auseinandersetzung mit dem Ganzen

Stichwort: Was braucht die Welt? Bei der Anwendung des Ikigai Modells wirst du mit dem „großen Ganzen“, der Natur und der Gesellschaft konfrontiert und dazu angeregt, herauszufinden, welchen Beitrag du persönlich leisten kannst. „Was kann ich allein schon dagegen/dafür tun?“, „Welchen Einfluss kann ich als Einzelner schon haben?“ und „Was ich tue, kann unmöglich etwas Bedeutendes bewegen“ – von diesen Ansätzen wirst du dich in der Auseinandersetzung mit der Welt und deinem Beitrag verabschieden. Du wirst bemerken, dass das „Kleine“, das du leisten kannst, in Wahrheit mehr als „groß genug“ ist. Und du wirst im Resultat erfahren, dass ich, du, wir und das Ganze gleichermaßen zu deiner individuellen Erfüllung beitragen.

Mehr Selbstbewusstsein und Selbstvertrauen

Sich selbst bewusst sein: Das ist nur möglich, wenn man sich selbst kennt und sich ausgiebig mit sich beschäftigt hat. Und erst auf das Bewusstsein, kann das Vertrauen folgen. Auf der Suche nach deinem Platz in der Welt wirst du dir selbst, mitunter durch Achtsamkeit und Selbstreflektion, immer bewusster. Du lernst, dich, deine Gedanken, Gefühle und Handlungen richtig einzuschätzen, gut für dich zu sorgen und echtes Vertrauen in dich zu legen. Gerade das Selbstvertrauen ist dabei von unschätzbarem Wert, bist du doch die einzige Person, die dir ein Leben lang bedingungslos und zweifelsohne zur Seite steht, dich begleitet und jeden einzelnen Tag, jede Situation und jeden Moment mit dir begeht.

Unerschütterliches Selbstwertgefühl

Das Selbstwertgefühl ist für so Manchen eine ewige Baustelle. An einem Tag lässt sich das Spiegelbild kaum ertragen, am nächsten geht man mit einem guten Gefühl aus dem Haus, nur um sich mit jedem, der einem so über den Weg läuft, zu vergleichen und letztendlich doch wieder nicht zufrieden mit sich selbst zu sein. Hier können das Ikigai Modell und die Wabi-Sabi Weltanschauung (siehe Kapitel 4) bedeutende Stützpfeiler sein. Die Auseinandersetzung mit dem Ich und das Leisten eines Beitrags für die Gemeinschaft vereinen sich im Laufe der Zeit zu einem schier unerschütterlichen Selbstwertgefühl. Du wirst genau wissen, wer du bist, was du kannst und dass du einen wichtigen Platz auf diesem Planeten ausfüllst. Dein Wert wird nicht mehr subjektiv schwanken, sondern dir als die Konstante begreiflich werden, die er eigentlich schon immer war.

Höhere Resilienz

Resilienz beschreibt die psychische Widerstandskraft, mit der sich Krisen meistern und im Idealfall sogar als Chancen zur Entwicklung nutzen lassen. Eine hohe Resilienz fördert die psychische Gesundheit, macht dich belastbarer und baut zu eigen gemachte Ressourcen und gesunde Bewältigungsstrategien auf. Menschen, die über eine hohe Resilienz verfügen, geraten weniger leicht in Stress, meistern außergewöhnliche Situationen souveräner und schaffen es, das psychische Gleichgewicht nach solchen Ausnahmesituationen schneller wiederherzustellen. Durch das Selbstwertgefühl, das Selbstvertrauen, die Zuversicht und den Optimismus verhilft dir Ikigai zu einer höheren Resilienz. Das muss jedoch nicht heißen, dass du mit vollem Ikigai über eine rekordverdächtige Resilienz verfügst. Schließlich ist die „Ausgangslage“, also das Maß an Resilienz, das du ohnehin schon mitbringst, ausschlaggebend für die „Endsumme“ an Widerstandskraft.

Meistern von Krisensituationen

Das gute Meistern von Krisensituationen wird nicht nur durch die ausgebaute Resilienz begünstigt. Wenn du dank Ikigai mit beiden Beinen fest im Leben stehst, weißt, wer du bist und wofür du tagtäglich aufstehst, erscheinen dir Situationen, die andere postwendend in den Krisenstatus befördern, oftmals nur noch als mittelmäßige Herausforderungen, die du fast mit links bewältigen kannst. Sprich: Deine Definition von „Krise“ verändert sich.

Klare Bedürfniskommunikation und starke Beziehungen

Nur wer seine Bedürfnisse und Wünsche kennt, kann diese auch klar kommunizieren. In Beziehungen – seien diese nun platonischer oder romantischer Natur – fördert das Wissen um die eigenen Bedürfnisse das Wachstum der zwischenmenschlichen Verbindung. Es fällt dir nicht nur leichter, zu sagen, was du brauchst, sondern auch, Beziehungen zu beenden, die ganz offensichtlich nicht zu deinem Glück beitragen. Umso stärker und gesünder gedeihen die Beziehungen, in denen die Kommunikation funktioniert und die dir täglich gut tun.

Selbstverwirklichung und Erfüllung

Selbstverwirklichung und Erfüllung können gemeinsam erzielt werden, sind aber nicht zwangsläufig miteinander verbunden. Sprich: Man kann sich selbst in hohem Maße verwirklichen, ohne Erfüllung zu erreichen, und man kann genauso zur Erfüllung finden, ohne sich selbst maximal verwirklicht zu haben. Das Ideal des Ikigais erfordert beide Bausteine und gibt zu bedenken, dass der Gemeinschaftssinn und die persönliche Antwort auf die Frage „Was braucht die Welt?“ ein guter Ansatz sind, um die Erfüllung zu erreichen. „Mission“, also die Kombination aus dem, was du liebst, und dem, was die Welt braucht, bringt die Selbstverwirklichung und die Erfüllung durch das Leisten eines gemeinnützigen Beitrags zusammen. Ergänzend fungiert „Profession“ als Verstärkung der Selbstverwirklichung, da hierbei die persönlichen Stärken, Talente und Kompetenzen miteinbezogen werden. Wenn du dich dem Ikigai näherst, näherst du dich also automatisch auch der Selbstverwirklichung und der absoluten Erfüllung an.

Mehr Toleranz und Rücksicht

Erfahrungen und sogar Studienergebnisse zeigen, dass glückliche, zufriedene Menschen im Schnitt toleranter und rücksichtsvoller sind. Sicherlich kennst du das von dir selbst: An einem guten Tag stehst du anderen Menschen, dem was sie sagen und tun wohlwollender gegenüber, während sie dich an einem schlechten Tag schneller nerven und du dich leichter über ihre Worte und Taten aufregst. Zwar kann es auch dann schlechte Tage geben, wenn du dein Ikigai gefunden hast, die Messlatte verschiebt sich aber und es fällt dir generell leichter, Toleranz zu leben und Rücksicht aufzubringen. Eigenschaften, die die Begegnungen mit deinen Mitmenschen im Beruflichen und Privaten einfacher, harmonischer und befriedigender machen.

Flexibilität und der stetige Wandel

Das Ikigai ist, anders als oft vermutet wird, nicht unbedingt eine Konstante. Schließlich bist du auch keine. Deine Meinungen, Prioritäten, Ansichten, Werte und Eigenschaften können und werden sich verändern. Du befindest dich, wie alles Lebende, in einem stetigen Wandel, der das Heute vom Gestern und das Morgen vom Heute trennt. Ikigai bedeutet daher mitunter auch, diesen Wandel anzunehmen und entsprechend flexibel zu sein. Es besteht immer die Möglichkeit, dass dir das, was dir am Montag als richtig und zielführend erschien, am Dienstag nicht mehr stimmig vorkommt. Da du diesem fortlaufenden und unaufhaltsamen Wandel unterworfen bist, ist es auch dein Ikigai.

Diese Erkenntnis und die damit verbundene Notwendigkeit, sich mit der Veränderung und der Vergänglichkeit zu befassen, kann dir nicht nur zu mehr Gelassenheit verhelfen, sondern auch deine Toleranz und bedingungslose Wertschätzung dir selbst und deinem Umfeld gegenüber voranbringen.

Freude im Kleinen und Glück im Großen

Im Kleinen Anfangen, um in der Summe etwas Großes zu erreichen – das ist ein Kerngedanke der Ikigai Philosophie. Die Arbeit mit dem zugehörigen Modell wird dich alltäglich lehren, dich über Kleinigkeiten zu freuen, und diese Freude wird dir die Motivation schenken, die du brauchst, um letztendlich dein großes Glück zu finden. Dinge, die dir bisher ganz einfach entgangen sind, werden dir kleine Glücksmomente bescheren, du wirst achtsamer in Bezug auf die täglichen Gelegenheiten, Freude zu empfinden, werden und dir auf deinem Weg zum Lebensglück immer weniger selbst im Wege stehen.

Kapitel 6: Wissenschaftliche Erkenntnisse zu Ikigai

Eine Lebensphilosophie stellt die Wissenschaft vor eine große Herausforderung, denn es ist kaum messbar, inwiefern diese verfolgt wird und welche vermeintlichen Auswirkungen tatsächlich auf das Leben nach dieser Philosophie zurückzuführen sind. Wenn du dir von diesem sechsten Kapitel also absolut repräsentative und unwiderlegbare Zahlen und Fakten erhofft hast, wirst du enttäuscht sein, denn solche Daten gibt es ganz einfach nicht. Trotzdem versuchen wir im Folgenden, einige wissenschaftliche Erkenntnisse und Daten bezüglich des Ikigais verständlich zu erläutern.

Japan: Alter, Stresslevel und Gesundheit im Vergleich

Fakt ist, dass die Anzahl an Menschen, die der Ikigai Philosophie folgen, in Japan vergleichsweise extrem hoch ist. Inwiefern sich dies auf verschiedene Vergleichspunkte, die nachfolgend beschrieben werden, auswirkt, sei erst einmal dahingestellt. Die nachfolgend genannten Daten entsprechen Erhebungen des Unternehmens Bloomberg L.P. und dem OECD Better Life Index. Zu den 30 OECD Ländern gehören:

Australien	Belgien	Dänemark	Deutschland	Finnland
Frankreich	Griechenland	Großbritannien	Irland	Island
Italien	Japan	Kanada	Korea	Luxemburg
Mexiko	Neuseeland	Niederlande	Norwegen	Österreich
Polen	Portugal	Schweden	Schweiz	Slowakische Republik
Spanien	Tschechische Republik	Türkei	Ungarn	Vereinigte Staaten

Die Lebenserwartung

Die durchschnittliche Lebenserwartung liegt in den OECD-Ländern im Schnitt bei rund 80 Jahren, in Deutschland beträgt sie 80,99 Jahre. In Japan werden die Menschen hingegen durchschnittlich 83,9 Jahre alt, sodass die Lebenserwartung dort höher ist als in allen anderen OECD-Ländern.

Der Bevölkerungsanteil über 64

In Italien haben 22 % der Bevölkerung das 64. Lebensjahr erreicht, in Monaco machen die über 64-Jährigen 26 % aus und in Japan sind es ganze 28 %. Zum Vergleich: Die deutsche Bevölkerung besteht zu knapp 19 % aus Menschen, die über 64 Jahre alt sind.

Die Gesundheit mit Fokus auf das Gewicht

Um die Gesundheit zu messen, sind sicherlich viele Aspekte ausschlaggebend. Betrachtet man ausschließlich das Übergewicht als Risikofaktor für viele Volkskrankheiten, ergibt sich dieser Vergleich: In den OECD-Ländern sind im Jahre 2015 im Schnitt 19,5 % der über 15-Jährigen fettleibig. Betrachtet man einige der Länder im Einzelnen, können diese Prozentzahlen genannt werden:

USA	38,2 %	Türkei	22,3 %
Neuseeland	30,7 %	Österreich	17,4 %
Großbritannien	26,9 %	Norwegen	12 %
Deutschland	23,6 %	Italien	9,8 %

Wie würdest du den Anteil unter den Japanern schätzen? Wenn du auf 3,7 % getippt hast, hast du eine Punktlandung geschafft. Damit ist Japan das OECD-Land mit dem niedrigsten Anteil an fettleibigen Menschen in 2015.

Das Stresslevel

Das Stresslevel der Menschen in verschiedenen Ländern wurde hier unter Berücksichtigung der vorherrschenden Arbeitslosenzahl, der Mordrate, der Einkommensungleichheit, des BIP (Brutto-Inlands-Produkt) pro Kopf, der Lebenserwartung und der Luftverschmutzung erfasst. Im Ranking der Länder mit den meistgestressten Menschen hat Nigeria die Nase vorn, gefolgt von El Salvador. Japan landet auf Platz 60, ganz weit hinten, was in diesem Kontext positiv zu bewerten ist.

Die Qualität des sozialen, gemeinschaftlichen Zusammenhalts

Kann ich mich im Ernstfall auf mein soziales Umfeld verlassen? Im OECD-Schnitt beantworten 89 % der Menschen diese Frage mit einem klaren „Ja“. In Japan sind es 90 %, wodurch die Japaner in Sachen des gemeinschaftlichen Zusammenhalts knapp über dem Durchschnitt liegen.

Welche Rückschlüsse können wir aus diesen Daten ziehen? Natürlich ist nicht belegt, dass die höhere Lebenserwartung, das weniger verbreitete Übergewicht und das niedrige Stresslevel der Japaner auf die Ikigai Philosophie zurückzuführen sind. Dass Ikigai dabei aber eine bedeutende Rolle spielt, ist nicht nur nicht auszuschließen, sondern sogar sehr wahrscheinlich.

Die Oshaki Studie

Sucht man nach Forschungsergebnissen in Bezug auf Ikigai, kommt man nicht an der sogenannten Oshaki Studie vorbei. Diese Studie, die von Prof. Toshimasa Sone und weiteren Wissenschaftlern an der Universität Tohoku in Sendai, Japan, durchgeführt wurde, besitzt einen riesigen Umfang und bezieht sich mitunter eben auch auf das Ikigai. Es nahmen genau 43.391 Menschen im Alter zwischen 40 und 97 Jahren an der siebenjährigen Studie teil, denen zu Beginn immer dieselbe Frage gestellt wurde: „Glauben Sie, dass Ihr Leben es wert ist, gelebt zu werden?“ Die Forscher definierten das Ikigai, wie sich von selbst versteht, darin, dass das eigene Leben als lebenswert empfunden wird. Die Studienteilnehmer konnten aus drei Antworten wählen: „ja“, „unsicher“ und „nein“.

Die „Ja“-Sager

Etwa 60 % der Probanden, die auf die zuvor genannte Frage mit „ja“ geantwortet haben, waren in der Mehrheit verheiratet oder lebten in einer Partnerschaft. Sie hatten zudem größtenteils eine Ausbildung, arbeiteten und bewerteten ihr alltägliches Stresslevel als unterdurchschnittlich. Ihre eigenen Gesundheit stuften sie überwiegend als gut bis hervorragend, auf alle Fälle aber über dem Durchschnitt ein.

Die „Nein“-Sager

Die Teilnehmer, die laut eigener Aussage kein Ikigai empfanden, waren teils ebenfalls gut ausgebildet und arbeitstätig, gaben aber öfter an, unter großem Stress zu stehen, und bewerteten den Zustand ihrer Gesundheit vergleichsweise schlechter.

Mortalität im direkten Vergleich

Im Laufe der siebenjährigen Untersuchung verstarben rund 7 % der Probanden, also insgesamt 3.048 Teilnehmer. Die Todesfälle wurden fachgerecht analysiert, woraus sich ergab, dass die Probanden „ohne Ikigai“ eine höhere Mortalität aufwiesen als die, welche die Frage nach dem Ikigai mit „ja“ beantwortet hatten. In beiden Gruppen starben etwa gleich viele Teilnehmer an Krebs, während zu den Verstorbenen, die durch kardiovaskuläre Krankheiten den Tod fanden, hauptsächlich „Nein“-Sager gehörten. Zusammenfassend brachte die Oshaki Studie in Bezug auf Ikigai die folgenden Resultate: Zum Ende der Studie, also nach sieben Jahren, waren 95 % der „Ja“-Sager noch am Leben, während unter den Probanden ohne Ikigai nur noch 83 % unter uns weilten.

Diese Ergebnisse können natürlich auf ganz unterschiedliche Weisen interpretiert werden. Festhalten lässt sich aber:

- Menschen mit Ikigai haben meist einen Partner, sind ausgebildet, arbeiten, empfinden eher selten Stress und schätzen ihren Gesundheitszustand als überdurchschnittlich gut ein.
- Menschen ohne Ikigai sind oft auch arbeitstätig und gut ausgebildet, empfinden aber mehr Stress und stufen ihren Gesundheitszustand in der Summe als weniger gut ein.
- Insbesondere in Bezug auf das Risiko an kardiovaskulären Krankheiten zu erkranken und zu sterben sind Menschen ohne Ikigai stärker gefährdet als die Teilnehmer, die ihr Ikigai gefunden haben.
- Die Mortalität ist bei Personen ohne Ikigai höher als bei Menschen, die auf die Frage nach dem Empfinden des Ikigais mit „Ja“ geantwortet haben.
- Dies bestätigt die bereits aufgestellte These, dass das Ikigai verantwortlich für die hohe Lebenserwartung auf den Okinawa Inseln sein könnte.

Umfrage: Was macht Ikigai aus?

Eine Umfrage des Central Research Service Japan aus dem Jahr 2010 zeichnet ein genaueres Bild davon, welche Aspekte in der japanischen Gesellschaft als Schlüsselelemente zum Ikigai angesehen werden. Insgesamt wurden über 1.000 Japaner zum Thema befragt, wobei Mehrfachnennungen erlaubt waren. Die Ergebnisse mögen dich vielleicht überraschen: Noch vor der Familie und den Haustieren, die von 49,5 % der Teilnehmer genannt wurden, stehen Hobbys und Freizeit mit 51,2 % an erster Stelle. 34,4 % der Befragten empfanden ihre Arbeit oder Ausbildung als wertvoll für ihr Ikigai und 32,6 % der Antworten beinhalteten den Freundeskreis. Die Gesundheit wurde mit 19,7 % von nicht einmal einem Viertel der Studienteilnehmer benannt, gefolgt von den sozialen Aktivitäten, die lediglich für 11,6 % relevant in Bezug auf das Ikigai waren.

Kapitel 7: Selbsttest - Lebst du dein Ikigai?

Durch das Lesen der bisherigen Kapitel hast du wahrscheinlich schon eine grobe Vorstellung davon, wie nahe du deinem Ikigai bist. Der folgende Selbsttest hilft dir dabei, diese Vorstellung zu verfeinern und konkreter zu erfassen, inwiefern dein Leben in Bahnen verläuft, die dich zum Ikigai führen oder aber weiter davon entfernen. Um ein aussagekräftiges Ergebnis zu erhalten, ist es unerlässlich, dass du die Fragen ehrlich beantwortest. Nimm dir mindestens fünfzehn Minuten Zeit und gestatte dir auch, einzelne Fragen und Antwortmöglichkeiten zu überdenken. Da die weiteren Kapitel nicht direkt auf diesen Selbsttest aufbauen, musst du ihn nicht machen, sondern kannst Kapitel 7 prinzipiell auch einfach überspringen.

Wenn man dich nach deinen Stärken fragt, wie lange brauchst du, um fünf oder mehr aufzuzählen?

(A) Keine zehn Sekunden. Ich habe mich bereits intensiv mit meinen Talenten und Kompetenzen auseinandergesetzt und weiß ganz genau, worin ich besonders gut bin.

(B) Ein bis zwei Minuten. Ich muss kurz nachdenken und mich daran erinnern, dass ich wertvolle Stärken habe, kann diese dann aber mehr oder weniger problemlos benennen.

(C) Puh, vermutlich ziemlich lange. Ich weiß nicht wirklich, wo meine Stärken liegen. Um ehrlich zu sein, bin ich mir nicht mal so sicher, ob ich überhaupt welche besitze.

Wie sehr und oft belasten dich Zukunftsängste und/oder Ballast aus der Vergangenheit?

(A) Wenig bis gar nicht. Selten werde ich mit etwas konfrontiert, das mich unsicher werden lässt, ich weiß aber gut damit umzugehen und besinne mich einfach darauf, dass ich Vertrauen in mich selbst legen kann.

(B) Nicht täglich, aber schon auf regelmäßiger Basis. Es gibt Dinge aus meiner Vergangenheit, die ich noch nicht hinter mir lassen konnte, und die Zukunft beschert mir immer wieder ein flaues Gefühl im Magen.

(C) Ständig und stark. Man könnte fast sagen, mein Leben wird von Ängsten, Reue, Scham und dem Festhalten an Vergangenem bestimmt.

Hast du das Gefühl, deinen Platz auf dieser Welt gefunden zu haben?

(A) Absolut und dafür bin ich täglich dankbar.

(B) Mal mehr und mal weniger. Es gibt Tage und Momente, in denen ich mich gut aufgehoben und zufrieden fühle. Und dann gibt es wiederum Situationen, die mir das Gefühl geben, fehl am Platz zu sein und eigentlich nicht wirklich zu wissen, wohin ich gehöre.

(C) Nein und ich zweifle stark daran, dass es diesen Platz für mich überhaupt gibt.

An einem Montagmorgen wirst du vom Klingeln deines Weckers geweckt. Du...

(A) ...bist noch etwas müde, wirst beim Gedanken an den Tag, der vor dir liegt, aber direkt positiv gestimmt.

(B) ...würdest dich am liebsten nochmal umdrehen und weiterschlafen. Montags hast du oft das Gefühl, vor einer riesigen Herausforderung in Form der kommenden Woche zu stehen. Das demotiviert dich und bereitet dir manchmal auch Sorgen, aus Erfahrung weißt du aber, dass du die Herausforderung „Step by Step“ meistern kannst.

(C) ...verstehst die Frage nicht. Welcher Wecker? Für gewöhnlich schläfst du in den Tag hinein, dann ist er – egal ob nun Montag oder Freitag – wenigstens nicht so lang.

Müsstest du dein Leben mit drei Worten beschreiben, wären es diese:

(A) Wertvoll, erfüllt und zufriedenstellend

(B) Anstrengend, mittelmäßig und routiniert

(C) Sinnlos, trist und eintönig

Mein Beruf...

(A) ...macht mir Spaß, finanziert mein Leben und gibt mir das Gefühl, etwas Nützliches zu tun.

(B) ...überfordert mich des Öfteren und ich denke manchmal, dass er nicht wirklich gut zu mir passt.

(C) ...ist zum Kotzen oder nicht existent.

Der Blick in die Zukunft...

(A) ...erfüllt mich mit demütiger Vorfreude.

(B) ...macht mir an manchen Tagen Angst, nimmt in meinem durchgetakteten Alltag aber ohnehin nicht viel Zeit ein.

(C) ...schüchtert mich ein, stimmt mich traurig und treibt mich öfters zur Verzweiflung.

Auf einer Skala von 1 (gar nicht) bis 10 (vollkommen): Wie zufrieden bist du mit dir selbst?

(A) 8 bis 10. Ich habe Eigenschaften, die man als Fehler oder Macken bezeichnen könnte, akzeptiere diese aber vollkommen und weiß sie immer öfter sogar zu schätzen.

(B) 4 bis 7. Ich finde mich meistens ganz ok, wenn ich mich jedoch mit anderen vergleiche, schneide ich meiner Meinung nach eher schlecht ab. Von Zeit zu Zeit fühle ich mich getrieben von dem Gedanken, perfekt sein zu müssen.

(C) 1 bis 3. Von Zufriedenheit kann definitiv nicht die Rede sein. Zu wünschen, jemand anders zu sein, ist für mich der Standard.

Fällt es dir leicht, dich um dich selbst zu kümmern?

A) Ja. Ich kenne meine Bedürfnisse und verstehe es, diese zu befriedigen.

B) Jein. Häufig merke ich erst spät, was genau ich eigentlich brauche, und habe dann keine Zeit, um darauf einzugehen.

C) Nein. Ich habe keinen wirklich guten Bezug zu meinem Körper und meinem Inneren, bin mit der Aufgabe der Selbstfürsorge überfordert und denke insgeheim, dass ich es auch nicht anders verdient habe.

Wie stressig ist dein Alltag?

(A) Mittelmäßig. Ich habe eindeutig viel zu tun, meine Aufgaben versetzen mich aber in aller Regel in positiven Stress, der mich motiviert und anspornt.

(B) Viel zu stressig. Es bleibt kaum Zeit für Dinge, die mir so richtig gut tun.

(C) An und für sich nicht sehr stressig, allerdings versetze ich mich durch meine Sorgen und Ängste laufend selbst in negativen Stress und weiß nur zu gut, dass eine Kleinigkeit ausreicht, um das Fass zum Überlaufen zu bringen.

Weißt du, was dir im Leben wichtig ist?

(A) Ja und diese Dinge nehmen viel Raum in meinem alltäglichen Leben ein.

(B) Ich denke schon, fühle mich aber oft zwischen meinen eigentlichen Wünschen und meinen Verpflichtungen hin- und hergerissen.

(C) Nein. Ich bin an einem Punkt angekommen, an dem mir eigentlich nichts mehr wirklich viel bedeutet.

Wie gehst du mit Veränderungen um?

(A) Ich bereite mich, wenn möglich, auf sie vor und versuche, stets das Positive in ihnen zu sehen beziehungsweise sie zu nutzen, um mein Leben noch zufriedenstellender zu gestalten.

(B) Ich weiß, dass Veränderungen zum Leben gehören, und wünsche mir selbst häufig, etwas verändern zu können, lasse mich davon aber auch leicht unter Druck setzen und aus der Bahn werfen.

(C) Veränderungen versetzen mich in Panik. Wenn ich sie absehen kann, verdränge ich sie in aller Regel so lange, bis sie eintreten, um mich dann von ihnen in den schieren Wahnsinn treiben zu lassen.

Fehler sind...

(A) ...Gelegenheiten für Wachstum und Fortschritt. Außerdem sind sie für mich ganz normal und nicht zwingend negativ behaftet.

(B) ...unbedingt zu vermeiden. Wenn sie mir passieren, ärgere ich mich furchtbar über mich selbst. Darüber hinaus fällt es mir auch schwer, die Fehler anderer zu akzeptieren.

(C) ...mein bemitleidenswerter, armseliger Alltag.

Betrachtest du das Glas eher als halbvoll oder halbleer?

(A) Definitiv halbvoll, ich bin der geborene Optimist.

(B) Das ist situativ unterschiedlich.

(C) Leer bis auf den letzten Tropfen.

Auf einer Skala von 1 (nicht vorhanden) bis 10 (in hohem Maße vorhanden): Wo würdest du das Ikigai in deinem Leben aktuell einordnen?

(A) 8 bis 10. Ich habe Freude am Leben, weiß, dass ich ein wichtiger Teil der Gemeinschaft bin, und lasse mir meine grundsätzliche Lebensfreude nicht von Rückschlägen und Launen des Schicksals nehmen.

(B) 4 bis 7. Es gibt sicherlich noch so einiges, an dem ich arbeiten sollte, um mein Ikigai auszubauen. Ich bin mir aber recht sicher, dass ich mich auf einem relativ guten Weg dorthin befinde.

(C) 1 bis 3. Ganz ehrlich? Man könnte wohl kaum weiter entfernt vom Ikigai sein, als ich es bin.

Auswertung und Ergebnisse

Wenn du den Test komplett durchlaufen und alle Fragen beantwortet beziehungsweise Sätze vervollständigt hast, bist du bestimmt schon neugierig, wie dein Ergebnis ausfällt. Zur Auswertung zählst du, wie oft du jeweils A, B und C angekreuzt hast. Der meistgewählte Buchstabe spiegelt dein Ergebnis wider. Solltest du zwei der Buchstaben (annähernd) gleich oft angekreuzt haben, befindest du dich im Übergang zwischen zwei Ergebnistypen. Lies dir in diesem Fall beide Analysen durch und überlege, inwiefern deren jeweilige Bestandteile auf dich zutreffen.

Überwiegend Antwort **A**

Herzlichen Glückwunsch! Du besitzt ein Ikigai, von dem viele nur träumen können. Du hast es geschafft, dir ein Leben aufzubauen, das zugleich sinnstiftend, erfüllend, reich an Freude und finanzierbar ist. Du gehst einer Tätigkeit nach, die dir Spaß macht und in deren Rahmen du dein volles Potenzial ausschöpfen kannst, und du bist dir dessen auch bewusst. Natürlich ist auch in deiner Welt nicht immer alles „Zuckerwatte und Sonnenschein“. Du verstehst es jedoch, auch aus misslichen Lagen das Beste zu machen, dich nicht unterkriegen zu lassen und das Positive zu sehen. Wenn das Ikigai dein Ziel ist, dann hast du es entweder schon erreicht oder bist auf dem direkten Weg dorthin. Mach weiter so, bleibe achtsam und lasse dich nicht von weniger zufriedenen Menschen, die dir dein Glück möglicherweise missgönnen, beirren. Dir ist übrigens nichtsdestotrotz dazu zu raten, die weiteren Kapitel dieses Buches zu lesen. Möglicherweise findest du in ihnen die ein oder andere Inspiration, die dir noch einen zusätzlichen „Push“ verschaffen kann und dich dabei unterstützt, an den Details zu feilen.

Überwiegend Antwort **B**

Ikigai? Geht so. Dein Leben mag ganz gemütlich – weil gewohnt – sein, zum Ikigai fehlen aber noch ein paar Bausteine. Insbesondere der Stress macht dir zu schaffen und gibt dir das Gefühl, kaum einmal genug leisten zu können. In der Folge bist du nur selten rundum zufrieden mit dir und deinem Leben, wobei dies nochmals durch deinen Hang zum Perfektionismus verstärkt wird. Dein Alltag und die Tätigkeiten, denen du darin nachgehst, stimmen womöglich nicht optimal mit deinen Stärken und deinen Leidenschaften überein. Für dich ist das Wabi-Sabi Konzept von besonderem Wert. Außerdem können dich die übrigen Kapitel dieses Buchs ideal dabei begleiten, deinen individuellen Weg zum Ikigai zu finden. Die nötige Motivation dafür kannst du aber nur aufbringen, wenn du dir den suboptimalen Faktoren deiner bisherigen Situation bewusst wirst und erkennst, dass dein Leben vielleicht routiniert abläuft und dir somit ein Gefühl der Sicherheit vermittelt, dich aber nicht zu echtem Glück und voller Erfüllung führt. Für dich ist das gezielte Verlassen der „Komfortzone“ von großer Bedeutung. Indem du deinen Horizont erweiterst und dir wertschätzend und ohne belehrenden Tonfall eingestehst, was im Sinne von Ikigai anders laufen müsste, begibst du dich auf eine zielführende, spannende Route, der zu folgen sich für dich lohnen wird.

Überwiegend Antwort **C**

Du bist nicht gerade eine Frohnatur, oder? Vielmehr weisen deine Antworten sogar darauf hin, dass du in einer ausgewachsenen Lebenskrise steckst. Du siehst keinen großen Sinn in deinem Leben, bist unzufrieden mit dir selbst und fühlst dich zuweilen extrem verloren. Die Antworten, die du gegeben hast, können unter Umständen auf eine bestehende Depression hinweisen. Aus diesem Grund solltest du unbedingt mit einem fachkundigen Arzt sprechen. Dieser kann die genannte Diagnose ausschließen oder bestätigen, was dich in jedem Fall einen Schritt voranbringt. Solltest du tatsächlich unter einer Depression leiden, kann dieses Buch leider nicht viel für dich tun. Die Depression ist – auch wenn das gesellschaftliche Stigma dies oft verharmlost oder belächelt – eine ernstzunehmende Erkrankung, die sich aber zum Glück gut behandeln lässt. Bitte gib nicht auf, sondern sammle all deine verbleibende Kraft zusammen, um dir Hilfe zu suchen. Auch wenn du es gerade nicht sehen kannst: Dein Leben ist wertvoll, du hast einen Platz auf dieser Welt und der Gesellschaft würde etwas unendlich Wichtiges verloren gehen, wenn du nicht mehr hier wärst. Bist du nicht depressiv, sondern steckst schlicht und ergreifend fest, zeigen dir die folgenden Kapitel einen Pfad auf, der aufwärts führt und an dem du dich orientieren kannst, um näher an dein persönliches Ikigai heranzukommen.

Kapitel 8: 9 Grundlagen für ein sinnerfülltes, zufriedenes Leben

Langsam, aber sicher nähern wir uns dem Praxisteil dieses Buches und verabschieden uns somit vom rein theoretischen Wissen rund um Ikigai. Bevor dich in den nächsten zwei Kapiteln Übungen und praktische Vorgehensweisen zum Finden, Aufbauen und Erhalten deines Ikigais erwarten, nehmen wir uns an dieser Stelle Zeit für einige grundlegende Gedanken- und Handlungsansätze, die gewissermaßen als Basis und Anregung für alles Weitere verstanden werden können.

#1: Erkennen des eigenen Werts

„Jeder Mensch ist wertvoll" – dieser Satz ist dir bestimmt nicht neu, aber schaffst du es tatsächlich, deinen eigenen, bedingungslosen Wert zu erkennen und anzuerkennen? Für viele von uns ist das nämlich leichter gesagt als getan. Wir gehen deutlich härter mit uns selbst ins Gericht als wir es jemals mit anderen tun und haben die Vorstellung verinnerlicht, gewisse Dinge sein, tun und können zu müssen, um wertvoll zu sein. Diese Vorstellung ist toxisch und dazu noch absolut falsch. Dabei sind es solche Gedanken, die dir verraten können, dass du deinen eigenen Wert noch nicht bedingungslos (an-) erkennst:

- Wenn ich das nicht schaffe, bin ich ein echter Loser.
- Ich muss dieses Produkt haben, um Anerkennung zu finden.
- Ich bin schlechter/hässlicher/dümmer/weniger wert als alle anderen.
- Wenn ich doch nur dünner/schöner/klüger wäre, könnte ich mich akzeptieren und vielleicht sogar lieben.
- Ich bin zufrieden mit mir, wenn ich X erreicht habe.
- Ups, doch nicht. Dann kommen Zufriedenheit und Selbstliebe sicher mit dem Erreichen von Y.

Diese und ähnliche Gedanken zeigen auf, dass du deinen Wert stark von Erfolgen und bestimmten Eigenschaften, die du (oft gesellschaftlich bedingt) als unerlässlich für einen „wertvollen Menschen" hältst, abhängig machst. Tatsache ist aber: Ganz egal, wie viel oder wenig du erreichst, wie du aussiehst, was du kannst und wer du bist; du besitzt einen Wert, der völlig unabhängig von allen denkbaren Merkmalen, Kompetenzen und Voraussetzungen ist. Weder ein volles Konto noch ein guter Abschluss, das neuste iPhone oder zehn Kilo weniger machen dich wertvoller, als du es ohnehin schon bist. Und: Dein Wert sinkt nicht, nur weil du ihn nicht erkennst und anerkennst. Auch wenn du dies noch nicht schaffst, bist du als Individuum und Erdenbürger von großem, bedingungslosem Wert.

#2: Bewusstmachen der Möglichkeit von Veränderung

Manchmal sind wir so an unseren „Alltagstrott" gewöhnt, dass wir vergessen, dass potenziell Veränderungen möglich sind. Und zwar nicht nur Veränderungen, die uns passieren und die wir – wie etwa durch eine unvorhergesehene Kündigung oder einen Todesfall in der Familie – passiv erleben, sondern auch solche, die wir aktiv anstreben und auslösen. Oft bremsen uns dabei Gedanken, wie „Es ändert sich ohnehin nichts" oder „Was kann ich schon dagegen/dafür tun?", aus. Es ändert sich ganz klar nichts, zumindest nicht in deinem Sinne, wenn du die Veränderung nicht selbst herbeiführst. Häufig sind es gar nicht die Veränderung oder die Maßnahmen, die für diese getroffen werden müssen, selbst, die uns daran hindern, uns und unser Leben zum Positiven zu verändern. Es ist vielmehr die zumeist unbewusste Geisteshaltung, die Veränderungen ausschließt, als unmöglich erachtet oder gar nicht erst in Betracht zieht. Wenn du dich mental für Veränderungen öffnest und dir bewusst machst, dass du der Mensch in deinem Leben bist, der diese Veränderungen angehen kann, öffnest du viele Türen, hinter denen bisher ungeahnte Möglichkeiten auf dich warten.

#3: Jeder Tag als Chance

Jeder Tag – egal, ob es ein Montag oder Samstag ist, ob es regnet oder die Sonne scheint, ob du gut geschlafen hast oder total übermüdet bist – birgt Chancen. Chancen auf positive Veränderungen, freudvolle Ereignisse und ein Dazulernen. Dem schiebst du einen massiven Riegel vor, indem du den Tag nach einer unruhigen Nacht, einem schlechten Frühstück oder einer bösen Überraschung am Morgen bereits als „schlechten Tag“ abstempelst. Diese Haltung raubt dem Tag sein Potenzial und sorgt für eine selbsterfüllende Prophezeiung. Das bedeutet, dass sich genau das Urteil, das du frühzeitig fällst, am Ende des Tages als wahr bestätigen wird. Nicht, weil du von Anfang an recht hattest, sondern weil du selbst dafür gesorgt hast, recht zu behalten. Natürlich gibt es tatsächlich Tage, an denen einfach alles schief läuft. Diese reduzieren sich jedoch, wenn sich deine Haltung gegenüber dem, was der Tag bringen wird, verändert. Möchtest du jeden Tag als Chance begreifen und nutzen, kann dir unter anderem die radikale Akzeptanz, in der du dich mithilfe von Kapitel 10 üben kannst, behilflich sein.

#4: Wertschätzung statt Kritik

Selbstkritisch zu sein ist an und für sich keine schlechte Eigenschaft, solange man dabei das richtige Maß findet. Genau damit tun sich viele Menschen aber extrem schwer. Sie finden immer wieder Dinge, die sie an sich auszusetzen haben, die sie in ihren Augen richtig schlecht machen oder für die sie sich sogar hassen, denken aber nicht einmal an die Dinge, für die sie sich loben, feiern und lieben könnten – ja, eigentlich sogar müssten. Das kann an einem sehr präsenten, übereifrigen inneren Kritiker (siehe Kapitel 10) liegen. Der innere Kritiker, manchmal auch innerer Entwerter genannt, ist die Stimme in deinem Kopf, die dich kritisiert und dir sagt, was du falsch oder schlecht machst, was du nicht kannst und was du (nicht) bist. Bis zu einem gewissen Grad ist der innere Kritiker nützlich, denn er erleichtert die Selbstreflektion und zeigt dir auf, was gerade nicht ganz optimal läuft. Ist der innere Kritiker aber übermächtig und ständig präsent, hat das nichts mehr mit gesunder Selbstreflektion oder realistischer Selbstkritik zu tun. Ganz im Gegenteil: Der innere Kritiker wird beleidigend und gemein, gibt seinen Senf zu allem was du tust, bist und kannst dazu und schafft es so mit Links, dein Selbstwertgefühl zu zerstören, starke Gefühle der Unzufriedenheit mit dir selbst zu wecken und dir klar und deutlich zu sagen, wie wertlos, schlecht, unnütz, fett, unfähig oder hässlich du bist. Solange dieser Kritiker in deinem Oberstübchen massig Raum einnimmt, ist es für dich unmöglich, glücklich zu werden. Zum Glück gibt es Mittel und Wege, den inneren Kritiker zu verbannen, ihm seine Macht zu nehmen und einen wertschätzenden Umgangston mit dir selbst zu pflegen.

#5: Selbstvertrauen und Zutrauen

Selbstvertrauen entwickelt sich durch das Meistern herausfordernder Situationen, die Selbstfürsorge und das eigenständige Erreichen persönlicher Ziele. Sprich: Dein Selbstvertrauen kann nur wachsen, wenn du dir immer wieder ein bisschen mehr zutraust. Sich selbst etwas zuzutrauen ist also die Voraussetzung dafür, dass man sich selbst und den eigenen Fähigkeiten (noch) mehr vertraut. Andersherum traut man sich automatisch mehr zu, wenn man größeres Vertrauen in sich legt. Zwischen diesen beiden Aspekten besteht also eine Wechselwirkung und man könnte hier die berühmte Frage stellen: Was war zuerst da, das Huhn (Selbstvertrauen) oder das Ei (Zutrauen)? Eine Antwort darauf findet man für sich als Individuum nur, indem man sein Selbstvertrauen analysiert und sich mutig voran wagt, sich immer wieder ein kleines bisschen mehr zutraut und schließlich feststellt, dass die eben gestellte Frage eigentlich nicht von Bedeutung ist. Solange das Huhn Eier legt und aus den Eiern neue Hühner werden, ist alles im grünen Bereich.

#6: Mut - Denken und Handeln über den Tellerrand hinaus

„Aber das kann ich doch nicht machen“, „Was denken denn die Leute, wenn ich das tue/unterlasse“ oder „Was ich dafür/dagegen tun müsste, ist nicht normal" – solche Gedanken können deinen Weg zum Ikigai unter Umständen behindern. Nämlich dann, wenn du dich traust, über den Tellerrand der gesellschaftlichen Norm hinauszublicken und Möglichkeiten für dich zu entdecken, die eher ungewöhnlich, im Sinne von „nicht konform mit dem, was andere so tun und lassen", sind. Wenn du zu den Menschen gehörst, die ungern auffallen, anderen möglichst immer alles recht machen wollen und viel darauf geben, was andere Menschen von ihnen denken, verlangt es eine riesige Portion Mut, sehenden Auges etwas „Unnormales" zu tun, das die Grenzen der gesellschaftlichen Norm sprengt. Mache dir bewusst, dass du – genau wie jeder andere Mensch – ein Individuum bist, und dass sich dein persönliches Lebensglück vielleicht nicht erreichen lässt, wenn du dich standardisierten Normen anpasst. Voller Angst, aus dem vorgegebenen Rahmen zu fallen, traust du dich nicht, ungewöhnliche Schritte zu gehen, und unterwirfst dich damit einem gesellschaftlichen Standard, dem zu entsprechen dich dein Glück kostet. Sei also mutig, traue dich, andere, weniger etablierte Wege zu gehen und folge dem, was dich letztendlich zu deinem Ikigai führt – auch wenn es sich nicht in eine gesellschaftlich hoch angesehene Form pressen lässt.

#7: Abstellen von Vergleichen

Am eindrucksvollsten lässt sich das schädliche Vergleichen am Beispiel der sozialen Medien aufzeigen. Wenn du auf Instagram und Co. aktiv bist, kennst du mit Sicherheit folgendes Szenario: Du scrollst durch den Feed und dieser präsentiert dir ein „perfektes" Foto oder Video nach dem anderen: Eine gertenschlanke Frau macht Yoga am weißen Sandstrand, ein muskulöser Typ lehnt sich lässig an seinen Porsche, eine mit normschönen Geschichtszügen und einem scheinbar porenlosen Teint gesegnete Frau erklärt ihre zwölfschrittige Abendroutine für die Hautpflege, Mr. Perfect stemmt Gewichte jenseits von Gut und Böse und eine Fashionista führt durch ihren meterlangen begehbaren Kleiderschrank. Dazwischen schummeln sich eine leicht mehrgewichtige Frau, die beschreibt, warum sie ihren Körper „trotzdem" liebt, und ein mittelalter, weißer Mann, der sich trotz offenkundiger Privilegien aus unerfindlichen Gründen benachteiligt fühlt. Du magst zwar nur scrollen, schauen und lesen, in deinem Kopf findet aber etwas absolut schädliches statt: Du vergleichst dich automatisch mit den Leben, Körpern und Traumzielen, die dir in einer unaufhörlichen Reihe aufzeigen, wie kläglich dein eigenes Leben, wie unattraktiv dein Körper und wie bemitleidenswert deine Ziele sind. Nicht, weil dein Leben tatsächlich schlecht, dein Körper wirklich hässlich oder deine Ziele echt niedrig angesetzt wären. Sondern einfach nur, weil der Vergleich nicht fair ist. Du vergleichst dich mit dem, was auf Bildern und Videos dargestellt ist, ohne daran zu denken, dass dieses Bild und dieses Video das Beste aus 100 Aufnahmen ist und dazu vermutlich noch hochgradig bearbeitet wurde. In der Folge erhältst du eine „Konkurrenz“, die nicht einmal real existiert. Im Kleinen spielt sich genau das auch abseits von Social Media ab. Auf der Party findest du dein Kleid plötzlich blöd, nur weil zwei andere ein teureres tragen. Beim Schlendern über die Einkaufsstraße fühlst du dich erst dann zu dick, nachdem dir fünf Frauen mit „Size Zero“ Maßen entgegengekommen sind. Was du nicht siehst, ist, dass die Partygirls ihre Kleider auf Raten abbezahlen und die Hälfte der schlanken Schönheiten unter einer Essstörung leidet und sich, wenn sie dir begegnet, mit dir vergleicht und sich wünscht, deine sinnlichen Kurven zu haben. Fazit: Vergleiche schaden fast immer. Sie schaden dem Selbstwertgefühl, der Selbstliebe und der Zufriedenheit. Und sie basieren in aller Regel auf einer Grundlage, die die menschliche Individualität vergisst, Normen – egal wie sinnvoll oder unsinnig diese sind – bewirbt, nichts mit Fairness und Wertschätzung zu tun hat und im Endeffekt jeden Sinn entbehrt. Wenn es dir gelingt, diese Vergleiche abzustellen, räumst du damit große Stolpersteine aus dem Weg und ebnest die Bahn, die zu deinem Ikigai führt.

#8: Angemessene Risikobereitschaft

Wie heißt es so schön? „Wer nicht wagt, der nicht gewinnt.“ Wer wagt, kann aber auch verlieren, so viel ist klar. Je nachdem, wie du die Puzzleteile zu deinem Ikigai zusammensetzt, wirst du das ein oder andere Wagnis eingehen müssen. Es verlangt folglich eine gewisse Risikobereitschaft, den Pfad zum Lebensglück zu beschreiten und Schritt für Schritt zu gehen. Du wirst Entscheidungen treffen, die Konsequenzen haben, und manchmal liegt es nicht zu 100 % in deiner Hand und ist nur bedingt vorhersehbar, wie diese Konsequenzen aussehen. Wichtig ist deshalb, dass du nicht Hals über Kopf ins Ungewisse rennst, sondern die nötigen Entscheidungen bedacht triffst und dir deren mögliche Konsequenzen bewusst machst. Schon allein dadurch lässt sich das jeweilige Risiko oftmals minimieren, auch wenn ein kleiner Rest bleibt. Dein Selbstvertrauen hilft dir dabei, dich auf deine Meinung, deine Einschätzung und von Zeit zu Zeit auch auf deine Intuition, also auf dein sprichwörtliches Bauchgefühl, zu verlassen. Welches Risiko einzugehen es wert ist, welche Ziele trotz hohem Risiko zu verfolgen sind und welche Risiken hingegen zu schwer wiegen, entscheidest letztendlich allein du.

#9: Kompromisse als vollwertige Lösungen

Das Wort Kompromiss drückt oft eine Ambivalenz aus: Es sagt aus, dass das, wofür man sich kompromissbereit entschieden hat, „nichts Halbes und nichts Ganzes“ ist. In Wahrheit kann ein Kompromiss jedoch eine vollwertige, zielführende und zufriedenstellende Lösung sein. Deine Aufgabe ist es deshalb, die Grautöne und Facetten zu sehen, anstatt dich gezwungen zu fühlen, dich immer und überall für Schwarz oder Weiß zu entscheiden. Selbstverständlich ist ein Kompromiss nicht immer erstrebenswert, denn manchmal gibt es einfach keinen angenehmeren, risikoärmeren oder leichteren Weg zum Ziel. Immer dann, wenn du dir unsicher bist, dich irgendetwas stört oder dir nicht stimmig erscheint, solltest du jedoch Kompromisse erwägen – du wärst nicht die erste Person, die auf diese Art und Weise die schlussendlich effektivste Lösung gefunden hat.

Kapitel 9: Dein Ikigai finden

Genug der vielen Worte! Jetzt gilt es, aktiv zu werden und deine Reise zum Ikigai zu beginnen. Das Ticket hältst du schon in der Hand, es muss nur noch eingelöst werden. Und das, so viel sei vorab gesagt, geht nicht, ohne dich mit dir, der Gemeinschaft, der Gesellschaft und der Welt auseinanderzusetzen. Ein erster Tipp: Betrachte diese intensiven Auseinandersetzungen nicht als Ballast oder „Mittel zum Zweck“, sondern als wertvolle Arbeit, von der du dein Leben lang profitieren kannst. Los geht's!

Erste Arbeit mit dem Ikigai Modell

Um herauszufinden, welche Bausteine dein Ikigai bilden, greifen wir auf das Ikigai Modell zurück, das du aus Kapitel 1 kennst. An dieser Stelle kann es sinnvoll sein, zurückzublättern und dir die Informationen hierzu nochmals in aller Ruhe anzusehen. Hast du dein Wissen aufgefrischt, kannst du guter Dinge in die Praxis starten. Du wirst insgesamt vier Stationen durchlaufen und dabei mit vielen, teils tiefgreifenden Fragen konfrontiert werden. Das Ikigai Modell lässt sich deshalb nicht „zwischen Tür und Angel“ bearbeiten. Nimm dir fürs Erste mindestens eine Stunde Zeit und suche dir einen Ort, an dem du ungestört bist und dich ganz auf die Sache konzentrieren kannst.

Station 1: Das, was du liebst

Da du bereits mit dem Ikigai Modell und dessen Aufbau vertraut bist, ist der einzig neue Faktor, der nun hinzukommt, dein eigenes Ich. Anstatt das Modell in der Theorie zu verstehen, geht es jetzt darum, es praktisch anzuwenden, wobei du selbst im klaren Fokus stehst. Station 1 befasst sich dabei mit dem ersten großen Element, nämlich mit dem, was du liebst.

Spontanes Brainstorming

Nimm ein Blatt Papier und einen Stift zur Hand und schreibe ganz spontan aus dem Bauch heraus und ohne viel zu überlegen alles auf, was dir dazu einfällt. Dinge und Tätigkeiten, die zusammenhängen, kannst du dabei durch Pfeile und Striche miteinander verbinden. Dieser erste Schritt sollte maximal zehn Minuten dauern. Erfahrungsgemäß ist alles, was darüber hinausgeht, bereits mit Überlegungen und tieferen Gedanken verbunden, was nicht das Ziel dieser grundlegenden „Vorarbeit" ist.

Gezielte Fragen beantworten

Im zweiten Schritt wird es etwas konkreter: Deine Aufgabe ist es, bestimmte Fragen möglichst ehrlich und durchdacht zu beantworten. Anders als beim Brainstorming, nimmst du dir nun die Zeit, wirklich über die einzelnen Fragestellungen und die Antworten, die dir dazu einfallen, nachzudenken. Die Antworten schreibst du auf die Rückseite des Papiers, das du bereits für das Brainstorming verwendet hast.

- Welche Tätigkeit/welches Themenfeld bereitet dir Freude?
- Welcher Tätigkeit kannst du stundenlang nachgehen, ohne dass dir dabei langweilig wird?
- Nach und bei welcher Tätigkeit fühlst du dich besonders gut?
- Welche Tätigkeit/welches Themenfeld inspiriert dich und schafft es, dich immer wieder aufs Neue zu begeistern?

Wenn du Antworten auf diese Fragen gefunden hast (wobei Mehrfachnennungen nicht nur erlaubt, sondern sogar erwünscht sind), drehst du das Blatt Papier wieder um und siehst nach, ob es Übereinstimmungen gibt. Du benötigst nun ein zweites Blatt Papier, auf dem du die Tätigkeiten/Themenfelder, die sowohl im Brainstorming als auch bei der Beantwortung der Fragen genannt wurden, notierst. Übrig bleiben Einfälle und Aufschriebe, die entweder nur beim Brainstorming oder nur durch die Fragen von dir aufgeschrieben wurden. Du musst herausfinden, welchen Grund das hat. Ist es, weil du das Jeweilige vielleicht nicht wirklich liebst, sondern dich nur dazu gedrängt gefühlt hast, es aufzuschreiben? Hättest du womöglich ein schlechtes Gewissen gehabt, wenn du es nicht getan hättest? Trifft dies zu, streichst du das Jeweilige durch. Es kann aber auch sein, dass die gezielten Fragen nötig waren, um einer Sache, die du liebst, auf die Spur zu kommen beziehungsweise um sie dir ins Gedächtnis zu rufen. Dann landet diese Sache ebenfalls auf dem zweiten Blatt Papier.

Innehalten und Spüren

Das erste Blatt Papier kannst du an diesem Punkt zur Seite legen, denn du sollst dich nun voll und ganz auf die Notizen, die das zweite Blatt beinhaltet, konzentrieren. Wandere durch die einzelnen Punkte und versetze dich dabei gedanklich jeweils in die Situation, in der du die Liebe am deutlichsten spüren kannst. Schließe hierfür die Augen und arbeite gegebenenfalls mit Bildern, die dich zum Beispiel beim Ausüben einer geliebten Tätigkeit zeigen. Versuche, das zugehörige Gefühl heraufzubeschwören und sei dabei geduldig. Sollte dir auffallen, dass es dir bei einer Notiz besonders leicht fällt, die damit verbundene Liebe und Begeisterung zu spüren, unterstreichst du den jeweiligen Punkt.

Erkenntnisse konkretisieren

Noch hast du das, was du liebst, lediglich kurz und knapp niedergeschrieben. Im letzten Schritt von Station 1 konkretisierst du den Aufschrieb. Orientiere dich dabei an diesen Fragen:

- Was genau ist es, das dich an X begeistert/das du an X liebst?
- Welche Gefühle, außerhalb von Liebe, hängen für dich mit X zusammen?
- Warum liebst du X?
- Inwiefern bereichert X dein Leben?

Wenn du die vier beschriebenen Einheiten von Station 1 bearbeitet hast, bist du deinem Ikigai schon ein kleines Stückchen näher gekommen. Bewahre deine Notizen, insbesondere das zweite Blatt Papier, gut auf, denn du wirst es im Weiteren noch brauchen.

Station 2: Das, was die Welt braucht

Station 2 stellt dich selbst ein wenig in den Hintergrund, denn nun fokussieren wir das, was die Welt braucht. Hierfür müssen wir zunächst klären, was mit „Welt“ gemeint ist, denn die Bedeutung des Begriffs ist in diesem Fall breit gefächert. „Welt“ kann sich zum Beispiel auf diese Bereiche beziehen:

- Die Erde als Planet
- Natur und Umwelt
- Tiere, von der Vogelspinne über den Fisch bis hin zum Affen
- Die Menschheit im Allgemeinen und international verstanden
- Die Gesellschaft, in der du lebst
- Die Gemeinschaft(en), in die du eingebunden bist, zum Beispiel deine Familie und dein Freundeskreis

Angesprochen werden also zahlreiche verschiedene Ebenen, denn die genannten Aspekte könnten vielfach untergliedert werden. Wie schon im Rahmen von Station 1, bist du nun dazu aufgefordert, dich aktiv mit diesem Ikigai Puzzleteil zu beschäftigen.

Brainstorming

Wieder starten wir mit einem Brainstorming. Du brauchst ein Blatt Papier und einen Stift und schreibst kurzerhand alles auf, was dir binnen zehn Minuten zum Thema einfällt. Was braucht die Welt? Dabei kannst du vorerst unberücksichtigt lassen, ob das, was die Welt braucht, von dir persönlich beeinflusst werden kann. Mache dir wieder nicht zu viele Gedanken, sondern bringe einfach aufs Papier, was dir spontan durch den Kopf geht.

Gezielte Fragen beantworten

Sieh dir jede Notiz, die dem Brainstorming entsprungen ist, einzeln an und stelle dir dabei diese Fragen:

(1) Braucht die Welt das wirklich?

(2) Braucht die Welt das von mir?

(3) Braucht die Welt das oder stecken eigennützige Gedanke dahinter?

(4) Braucht die Welt das dringend?

(5) Warum braucht die Welt das?

Je nachdem, wie deine Antworten ausfallen, bleiben die einzelnen Punkte erhalten oder werden durchgestrichen. Bewertet wird, erklärt am Beispiel des Tierschutzes, folgendermaßen:

(1) Auf Frage 1 brauchst du nur eine kurze Antwort zu geben, also „Ja“ oder „Nein“, in diesem Fall ein klares „Ja“.

(2) Diese Frage könnte man umformulieren: Bin ich potenziell in der Lage, in diesem Bereich einen Beitrag zu leisten? Könnte ich vielleicht ausgerechnet einer der Menschen sein, der die Welt hierdurch bereichern kann? In unserem Beispiel heißt die Antwort wieder „Ja“.

(3) Auf den zweiten Blick wird manchmal klar, dass der ein oder andere Einfall nicht wirklich der Welt nützt, sondern vor allem dir selbst. Dann streichst du ihn. Oft trifft aber auch beides zu. Das könnte beim Tierschutz der Fall sein, wenn du selbst von einem schlechten Gewissen – zum Beispiel, weil du immer noch Fleisch isst oder einen Hund gekauft, anstatt adoptiert hast – geplagt wirst, das mit dem Thema zu tun hat. Im Tierschutz aktiv zu werden würde entsprechend dir selbst nützen, wäre nichtsdestotrotz aber auch gut für die Welt.

(4) Handelt es sich eher um ein „First-World-Problem“, also gewissermaßen um ein Luxusproblem, oder muss hier dringend etwas getan werden?

(5) Frage 5 geht mehr in die Tiefe. Warum glaubst du, dass die Welt das Jeweilige braucht. Mögliche Antworten in Bezug auf den Tierschutz wären: „Weil Millionen fühlender Lebewesen ein elendes Dasein in Massentierhaltung fristen“, „Weil die Tierheime überbelegt und unterbesetzt sind“ oder „Weil das plastikverseuchte Meer unendlich viele Meeresbewohner das Leben kostet.“

Auswahl und Recherche

Anschließend geht es in die Recherche. Um gezielt vorgehen zu können, solltest du deine Auswahl auf insgesamt maximal drei Ideen begrenzen. Bezüglich dieser recherchierst du umfassend. Am besten und leichtesten geht das online. Versuche, diese Fragen zu beantworten:

- Welche Unterbereiche prägen das Thema? Beim Tierschutz wären das zum Beispiel mitunter Tierversuche, Ozeane, Massentierhaltung, Tierheime und Qualzuchten.
- Wie kann ich einen Beitrag leisten? Kann ich beispielsweise Spenden sammeln, ehrenamtliche Arbeit leisten oder Aufklärungsarbeit betreiben?
- Gibt es Organisationen, Vereine und Initiativen, innerhalb derer ich meinen Beitrag leisten kann? So sind zum Beispiel zahlreiche Tierschutzorganisationen, die ihren Fokus ganz unterschiedlich setzen, immer auf der Suche nach fleißigen Helfern, Mitdemonstrierenden und Spendern.

Station 3: Das, womit du Geld verdienst

Station 3 ist vergleichsweise schnell durchlaufen und setzt sich aus nur zwei Schritten zusammen:

Aktuelle Situation definieren und analysieren

Zuerst definierst du, wie genau du dein Geld aktuell verdienst. Schreibe auf, welche Tätigkeit du beruflich ausführst, wie viel Zeit du in diese täglich, wöchentlich, monatlich und jährlich investierst und was du pro Tag, pro Monat und pro Jahr damit verdienst. Auch Zusatzleistungen, wie etwa ein 13. Gehalt, sind hier zu nennen. Ergänze deinen Aufschrieb durch die konkreten Vorteile, die dein Beruf abgesehen vom Finanziellen mit sich bringt, zum Beispiel:

- Krankenversicherung
- Überdurchschnittlich gut bezahlte Überstunden
- Angemessen viele Urlaubstage

Danach widmest du dich den Nachteilen, beispielsweise:

- Ständiger Druck vom Chef
- Langfristig andauernder Streit unter Kollegen
- Ungeschickte Arbeitszeiten

Zum Schluss ordnest du deine Zufriedenheit mit deinem derzeitigen Job auf einer Skala von 1 (extrem unzufrieden) bis 10 (zu 100% zufrieden) ein. Berücksichtige dabei diese Aspekte:

- Werde ich angemessen bezahlt?
- Gehe ich gerne und mit einem guten Gefühl an meinen Arbeitsplatz?
- Verdiene ich mit diesem Job genug, um finanzielle Sicherheit zu genießen?

- Verdiene ich vielleicht sogar mehr, als ich bräuchte?
- Fühle ich mich an meinem Arbeitsplatz wohl?
- Werden meine Leistungen an meinem Arbeitsplatz wertgeschätzt?

Potenzielle Alternativen identifizieren

Dann geht es darum, einmal über den Tellerrand hinaus zu blicken und zu überlegen, ob alternative Berufe oder Arbeitsplätze infrage kommen. Du kannst es dir ruhig erlauben, deine Fantasie spielen zu lassen, über die Grenzen der persönlich wahrgenommenen Realität hinauszudenken und einmal wild zu spekulieren. Das Ziel ist es, unabhängig davon, wie zufrieden du mit deinem aktuellen Job bist, mindestens drei potenzielle Alternativen zu finden.

Station 4: Das, worin du gut bist

Du ahnst es vermutlich schon: Bei Station 4 dreht sich alles um das, worin du gut bist. Man kann es Stärken, Talent oder Begabung nennen, letztendlich bedeutet es immer, dass du Kompetenzen mitbringst, die förderlich sind. Der Teil davon, der zum größten Teil genetisch veranlagt ist, wird oft als Talent bezeichnet: Eine angeborene Veranlagung, die dazu führt, dass man sich in einem bestimmten Bereich besonders leicht tut. Stärken können aber auch erworben, also im Laufe des Lebens erarbeitet, werden. Wir machen hier keinen Unterschied zwischen diesen Definitionen, denn schlussendlich zählt nur, worin du gut bist – egal ob nun angesichts einer genetischen Anlage oder der expliziten Förderung über Jahre hinweg. Station 4 ist in drei Schritte gegliedert:

Identifikation der Stärken

Zu Beginn benötigst du lediglich ein Blatt Papier und einen Stift. Konzentriere dich auf das, worin du gut bist, und schreibe deine Stärken auf das Papier. Denke dabei nicht viel nach, sondern schreibe einfach drauf los. Wichtig: Falsche Bescheidenheit ist fehl am Platz. Zudem können auch Dinge, die du selbst erst einmal als unwichtig erachtest, echte Stärken sein. Diese Liste möglicher Stärken soll dir als Inspiration dienen:

- Achtsamkeit
- Altruismus
- Anpassungsfähigkeit
- Ausdauer
- Ausgeglichenheit
- Begeisterungsfähigkeit
- Beharrlichkeit
- Belastbarkeit
- Charme
- Charisma
- Diplomatie
- Disziplin
- Ehrlichkeit
- Eigenständigkeit
- Empathie
- Fairness
- Fröhlichkeit
- Fürsorglichkeit
- Geduld
- Gelassenheit
- Gerechtigkeitssinn
- Hilfsbereitschaft
- Humor
- Ideenreichtum
- Kollegialität
- Kommunikationsfreude
- Konsequenz
- Kritikfähigkeit
- Loyalität
- Motivation
- Mut
- Nachsichtigkeit
- Naturverbundenheit
- Optimismus
- Ordentlichkeit
- Pragmatik
- Präzision
- Realismus
- Reflektion
- Rücksicht
- Schlagfertigkeit
- Souveränität
- Spontanität
- Sportlichkeit
- Sprachbegabung
- Tiefgründigkeit
- Toleranz
- Umsicht
- Unkompliziertheit
- Unterhaltsamkeit

- Verantwortungsbewusstsein
- Verständnis
- Weitsicht
- Willensstärke
- Wissbegierde
- Zuverlässigkeit

Daneben kannst du auch konkrete Tätigkeiten nennen, in denen du gut bist, zum Beispiel Ballsport, Töpfern, Zeichnen, Erklären, Basteln, Reiten, Kochen oder Singen.

Schwächen als Stärken

Was du persönlich als Schwäche ansiehst, kann in einem anderen Kontext womöglich eine Stärke sein. Aus diesem Grund kann es sich lohnen, dich einmal genauer mit deinen Schwächen zu beschäftigen. Drehe das Blatt Papier, das du bisher verwendet hast, um und fertige eine Liste deiner subjektiv empfundenen Schwächen an. Dann gehst du diese „Step by Step" durch und überlegst dir, wie man sie positiv formulieren oder in welchem Kontext sie von Nutzen sein könnten. Ein paar Beispiele zur Veranschaulichung:

Aufgedrehtheit	Steckt andere an und sorgt für mehr Aktivität
Direktheit	Ausnahmslose Ehrlichkeit
Distanziertheit	Stark ausgeprägte Höflichkeit und angemessenes Abwarten
Ehrgeiz	Kompromissloses Verfolgen von Zielen
Konfliktscheue	Bedürfnis nach Harmonie und beitragen zu einem harmonischen, angenehmen Betriebsklima
Misstrauen	Angemessene Vorsicht, insbesondere in kritischen Situationen
Pessimismus	Das Schlechteste erwarten, um auf alles vorbereitet zu sein
Sorglosigkeit	Antrieb und Schnelligkeit durch ein (vorerstes) Außenvorlassen möglicher Probleme
Schüchternheit	Höfliche Zurückhaltung
Verträumtheit	Fantasievolles Nachdenken auch über die Normgrenzen hinaus; Kreativität und (manchmal) Innovationsgeist

Solltest du einige deiner Schwächen nach diesem Schema als Stärken erkennen können, drehst du das Papier wieder um und schreibst diese – genau so, wie du sie formuliert hast, oder passend umgeschrieben – zu den zuvor identifizierten Stärken.

Konkretisiertes Talent-Sheet

Du brauchst einen großen Bogen Papier oder Karton, bestenfalls im Format A3, ein Blatt Papier sowie einen Edding und einen feineren Stift. Sieh dir die Liste deiner Stärken an und überprüfe, ob du Verbindungen zwischen einzelnen Punkten herstellen kannst. Sprich: Im Endeffekt bildest du Gruppen, bestehend aus mehreren Stärken, die sich ähneln oder sich gegenseitig begünstigen. Versuche dann, einen Überbegriff für diese Gruppen zu finden. Beispielhaft könnte dein Ergebnis wie folgt aussehen:

Sozialkompetenz	Empathie, Hilfsbereitschaft, Kommunikationsfreude, emotionale Intelligenz, Menschenkenntnis, Teamfähigkeit, Einfühlungsvermögen
Organisationstalent	Präzision, Planung, Langzeitgedächtnis, Überblick, Multitasking, Zeitgefühl, Auffassungsgabe
Sportlichkeit	Schnelligkeit, Wendigkeit, Ausdauer, Gelenkigkeit, Kraft, Kampfgeist
Belastbarkeit	Durchhaltevermögen, Motivation, Engagement, Antrieb, Resilienz, Leistungsfähigkeit, Willensstärke, Nervenstärke

Wenn die Gruppen feststehen, schreibst du „Talente“ oder „Stärken“ mit Edding in die Mitte des bisher noch leeren Kartons. Je nachdem, wie viele Gruppen du identifiziert hast, ordnest du deren Bezeichnungen so rund herum um diese mittige Beschriftung an, dass sie jeweils ausreichend Abstand zueinander und zur Mitte haben. Die einzelnen Stärken, die zu den Gruppen gehören, schreibst du nun mit dem feineren Stift um die Gruppenbezeichnungen herum. So entsteht eine ordentliche, strukturierte Darstellung deiner Stärken, sozusagen ein konkretisiertes und anschauliches Talent-Sheet, das klar und deutlich abbildet, in welchen Bereichen deine persönlichen Stärken liegen.

Die vier Blätter zum Blühen bringen

Jetzt geht's ans Eingemachte! Bisher haben wir die vier Grundelemente des Ikigai jeweils einzeln und unabhängig von den drei anderen betrachtet. Im nächsten Schritt widmen wir uns nun den Schnittmengen: Passion, Mission, Vocation und Profession. Denn letztendlich sind sie die vier Blätter, die gemeinsam die reiche, farbenfrohe und glückbringende Blüte des Ikigais bilden. Behalte bei der Bearbeitung der folgenden Schritte stets im Kopf, dass alle vier Blätter wachsen und gedeihen müssen, damit du das Ikigai erreichen kannst. Du musst sie alle hegen und pflegen und darfst keines vernachlässigen.

Passion: Was du gut kannst + was du liebst
= deine Leidenschaft

Um deine Leidenschaft zu identifizieren, nutzt du dein Talent-Sheet und die Erkenntnisse, die dir Station 1 eingebracht hat. Wieder gilt es, Überschneidungen zu finden. Orientiere dich dabei an diesen Fragen:

- Welche meiner Stärken kann ich nutzen, um mich mit dem, was ich liebe, zu beschäftigen/zu umgeben?
- Welche Themen/Tätigkeiten liebe ich umso mehr, weil ich hier meine Stärken einsetzen kann?
- An welchen Stellen gehen Liebe und Stärken Hand in Hand?

Das Ergebnis ist deine Leidenschaft oder besser gesagt deine Leidenschaften, denn man kann definitiv mehr als nur eine Passion haben.

Mission: Was du liebst + was die Welt braucht
= deine Aufgabe

Deine Aufschriebe aus Station 1 und aus Station 2 werden auf der Suche nach deiner Mission zusammengebracht. Wieder führen dich einige Fragen zum Ziel, wobei du bereits die ermittelte(n) Leidenschaft(en) miteinbeziehst:

- Was kannst du der Welt voller Liebe schenken?
- Welche Tätigkeiten, die du ausführen, und Themen, mit denen du dich befassen kannst, sind wichtig für die Welt und lassen dich gleichzeitig Liebe und Begeisterung spüren?
- Gibt es eine/mehrere Möglichkeit(en), deine Passion(en) so auszuleben, dass die Welt davon profitiert?

Auch hier können mehrere Resultate erzielt werden, was nicht heißt, dass ein Ergebnis nicht vollkommen ausreichend ist.

Vocation: Was die Welt braucht + womit du Geld verdienst = deine Berufung

Weiter geht es mit deiner Berufung, auf deren Spur wir uns, unter Berücksichtigung deiner ermittelten Passion(en) und Mission(en) und unterstützt durch deine Überlegungen aus Station 2 und 3 sowie mithilfe dieser Fragen, begeben:

- Mit welchen Beiträgen, die du zum Wohle der Welt leisten kannst, lässt sich potenziell Geld verdienen?
- Trägst du in deinem jetzigen Job – in welcher Form auch immer – zum Wohlergehen der Welt bei? Wenn ja, wie genau?
- Lässt sich mit einer deiner Passionen und/oder Missionen Geld verdienen? Wenn ja, wie kannst du dies mit einem Beitrag zu dem, was die Welt braucht, verbinden?

Zugegeben: Langsam wird es etwas komplexer. Stresse dich also nicht und habe nicht den Anspruch, heute oder morgen zu einem zufriedenstellenden und vielversprechenden Ergebnis zu kommen. Oftmals muss man eine oder auch zwei Nächte darüber schlafen und die offensichtlichsten Lösungen ergeben sich nicht durch konzentriertes Nachdenken, sondern durch spontane Ideen und Einfälle ganz nebenbei.

Profession: Womit du Geld verdienst + was du gut kannst = dein Beruf

Beruf und Berufung hängen eng zusammen. Idealerweise stimmen sie sogar zu 100 % überein. Sprich: Du vereinst nicht nur das, womit du Geld verdienst, mit dem, was du kannst, sondern schaffst es dabei auch noch, der Welt zu geben, was sie braucht. Sind diese Faktoren gegeben, ist es höchstwahrscheinlich, dass auch die Liebe zu dem, was du da tust, nicht lange auf sich warten lässt. Schließlich ist es der Traum vieler, Geld mit etwas zu verdienen, das das persönliche Potenzial entfaltet und das Karma-Konto auffüllt, denn durch den wichtigen Beitrag, der unter Einsatz der persönlichen Stärken geleistet wird, stellt sich im Normalfall ein Gefühl der Erfüllung ein, das jedoch nur wirklich bestehen bleiben kann, wenn es einen nicht geradewegs in eine finanzielle Krise treibt. Hier schließt sich der Kreis und Passion, Mission, Vocation und Profession werden zum Ikigai. Die folgenden Fragen zum Analysieren deiner Profession berücksichtigen folglich die zuvor bestimmten Elemente Passion, Mission und Vocation. Beantworte sie nicht, bevor du dir die erarbeiteten Materialien aus Station 1 bis 4 des vorherigen Absatzes erneut angesehen hast.

- Passt dein aktueller Beruf zu deinen Stärken? Falls nein: Welcher Beruf würde besser passen?
- Könntest du mit diesem Beruf einen Beitrag für die Welt leisten?
- Würdest du außerdem genügend verdienen, um deinen Lebensunterhalt zu sichern?

Spiele gedanklich verschiedene Optionen und Kombinationen durch und sei dir wieder bewusst, dass du nicht heute oder morgen zu einem tollen und absolut stimmigen Endergebnis kommen musst. Arbeite ganz ohne Druck und versuche, Freude am Analysieren und Planen deiner Zukunft mit jeder Menge Ikigai zu finden.

Ikigai Modell: 5 Tipps für die Praxis

Zugegeben: Dieses Kapitel liefert dir keine genaue Anleitung, mit der du garantiert dein Ikigai findest. Der Grund? Ganz einfach: Eine solche Anleitung kann schlicht und ergreifend nicht bereitgestellt werden. Es gibt zu viele individuelle Faktoren, die hier mitspielen, und ja, es existieren selbsternannte Gurus und Coaches, die behaupten, eine eben solche Anleitung geben zu können. Doch wie erfolgsversprechend ist eine pauschale Anleitung, die zum individuellen Glück führen soll? Eben. Zum Ziel gelangst du nur, indem du deiner inneren Stimme folgst, dein Leben in all seinen Facetten beleuchtest und dir zugestehst, dabei Fehler zu machen, hin und wieder frustriert zu sein oder einen Tag Pause von all den Überlegungen zu brauchen. Abgesehen davon, können dich diese Tipps unterstützen:

✦ Vom Kleinen zum Großen

Es kann verlockend sein, einige Schritte zu überspringen und direkt zu überlegen, wie man Passion, Mission, Vocation und Profession zusammenbringen kann. Zu empfehlen ist dies aber nicht. Vor allem dann nicht, wenn du dich bisher – wie die meisten Menschen – wenig bis gar nicht mit dir, deinen Eigenschaften und deinen individuellen Schlüsseln zum Glück auseinandergesetzt hast. Denn dann wird der Versuch, eine Abkürzung zu nehmen, in einer Sackgasse enden. Freunde dich mit dem Gedanken an, in kleinen Schritten voranzugehen, und glaube daran, dass sich diese gemäß deinem eigenen Tempo zu einem wundervollen „großen Ganzen“ zusammenfügen werden.

✦ Überprüfe und hinterfrage

Gehe nicht übereilt oder im Schnelldurchlauf vor, sondern nimm dir ausreichend Zeit, damit sich Gedankenstränge formen und zu sinnvollen Ideen zusammenfügen können. Rom wurde bekanntlich nicht an einem Tag erbaut und du wirst deutlich mehr als 24 Stunden benötigen, um die Stützpfeiler deines künftigen Ikigais aufzustellen. Merke: Es ist nicht wichtig, es schnell zu machen, sondern es richtig zu machen. Die Zeit, die du investierst, um Erkenntnisse und Ideen zu überprüfen und zu hinterfragen, ist immer gut „angelegt“.

✦ Versteife dich nicht auf einen einzelnen Weg

Dir bieten sich an einem Punkt mehrere denkbare Optionen? Das ist klasse! Behalte sie unbedingt alle im Kopf und versteife dich nicht zu früh auf einen Weg. Auf diese Weise hast du, sollte Weg 1 nicht zum Ziel führen oder sich erst gar nicht umsetzen lassen, attraktive Alternativen für einen neuen Versuch zur Auswahl.

✦ Sei offen für Überraschungen

In aller Regel öffnen sich im Laufe des Prozesses überraschend Türen, von deren Existenz du zuvor noch nicht einmal wusstest. Sieh dir diese Möglichkeiten ruhig genauer an – nur weil sie mehr oder weniger zufällig in Erscheinung getreten sind, müssen sie nicht schlechter, realitätsferner oder weniger interessant sein als die von dir erarbeiteten Optionen. Andersherum können sich Optionen, auf die du dich fast schon festgelegt hast, überraschenderweise als nicht realitätstauglich oder durchführbar entpuppen. Schreibe sie dann nicht direkt ab, sondern überprüfe, ob eine Änderung einiger weniger Bausteine das Problem beheben könnte. Ist dies nicht der Fall, solltest du dies radikal akzeptieren, damit du motiviert und unvoreingenommen weitermachen kannst.

✦ Werde aktiv

Jede Menge potenziell lukrative Jobs, mit denen du täglich etwas Gutes tun könntest, ein volles Talent-Sheet und entdeckte Leidenschaften, für die du ganz und gar brennst, nützen wenig, wenn sie auf Dauer nur in deinem Kopf und auf dem Papier bestehen. Denn zu wissen, was du für dein Ikigai brauchst, bringt nicht viel, wenn du niemals in die Aktion gehst und Maßnahmen ergreifst, mit denen sich deine gedanklichen Traumschlösser in der Realität – Stein auf Stein – aufbauen lassen. Sei mutig und trau dich – schließlich bist du mehr als gut vorbereitet!

Kapitel 10: Praktische Übungen auf deinem Weg zum Ikigai

Dieses letzte, sehr ausführliche Kapitel gibt dir, angelehnt an die fünf Kerngedanken des Ikigais (siehe Kapitel 1), viele praktische Übungen und Tipps zum Erlernen verschiedener Kompetenzen und Fähigkeiten sowie zum Meistern unterschiedlicher Situationen an die Hand. Es kann dabei durchaus sein, dass nicht jede Übung dir persönlich weiterhilft. Das ist auch nicht weiter tragisch. Probiere die Übungen mindestens einmalig aus und entscheide dann, welche der Techniken und Herangehensweisen am besten zu dir passen.

Der entspannte Umgang mit Veränderungen

Mittlerweile ist dir vermutlich mehr als klar, dass du einige Veränderungen wirst vornehmen müssen, um deinem Ikigai näher zu kommen. Wenn du einen veränderungsbringende Entscheidung getroffen hast und bemerkst, dass du dadurch bedingt nervös, unsicher und ängstlich wirst, können dir folgende Übungen weiterhelfen:

Perspektivwechsel

Mache einen Perspektivwechsel und stelle dir vor, die Veränderung, die auf dich zukommt, würde einen lieben Freund oder Angehörigen von dir betreffen. Würdest du die Situation dann immer noch als so kritisch und beängstigend einstufen? Was würdest du diesem Freund raten, wenn er dir anvertrauen würde, wie aufgeregt und nervös er ist? Mit welchen Worten könntest du ihn beruhigen, ohne die Sache dabei herunterzuspielen oder seine Gefühle als unangebracht darzustellen? Allein das Betrachten der Sachlage aus einer objektiveren Perspektive kann dir die nötige Distanz geben, um zu mehr Zuversicht und Ruhe zu finden.

Autosuggestionen

„Wenn man sich etwas oft genug sagt, wird es wahr" – diesen Satz kennst du bestimmt. Sein Wahrheitsgehalt hängt stark von der Interpretation ab. Natürlich stimmt es nicht, dass Dinge universell wahr werden, wenn man sie sich einfach sehr oft selbst sagt. Ein kurzes Selbstexperiment: Sage dir immer wieder, dass du ein rosa Elefant bist. Solltest du wirklich zum rosaroten Elefanten werden, melde dich bitte bei mir! Das wäre eine echte Sensation. Es kommt also mitunter darauf an, was man sich sagt. So kann man zum Beispiel sehr wohl selbstbewusster werden, wenn man den Satz „Ich fühle mich selbstbewusst und sicher" alltäglich vielfach gedanklich wiederholt. Es handelt sich hierbei um eine Autosuggestion, also um eine Selbsteinredung. Durch die stetige Wiederholung gewinnt die Autosuggestion an Macht und wenn man ins Extreme gehen möchte, könnte die Autosuggestion „Ich bin ein rosa Elefant" irgendwann tatsächlich bewirken, dass man sich für einen rosa Elefanten hält. Die Betonung liegt hier auf „hält", denn man ist lediglich in der subjektiv wahrgenommenen Realität ein Elefant, während einen alle anderen selbstverständlich weiterhin als Menschen sehen. Es gilt folglich, Autosuggestionen sinnvoll einzusetzen, zum Beispiel im Sinne des entspannten Umgangs mit Veränderungen. Hierfür taugen diese Sätze:

- Alles wird gut, egal wie es kommt.
- Ich bin ruhig und entspannt.
- Ich bin angstfrei.
- Ich lasse die Dinge entspannt auf mich zukommen.
- Ich kann alles, was da kommen mag, bewältigen.
- Veränderung ist positiv.
- Veränderung ist notwendig.
- Ich lasse mich auf die Veränderung ein.
- Ich heiße die Veränderung willkommen.

Im konkreten Einzelfall kannst du die Autosuggestion natürlich individuell anpassen. Wiederhole deinen gewählten Satz so oft wie möglich und führe beispielsweise die morgendliche und abendliche „Autosuggestions-Runde“ als festes Ritual ein. Die Autosuggestionen können sich dabei verändern und werden somit niemals überflüssig. Bei der Formulierung solltest du darauf achten, keine verneinenden Satzstrukturen zu verwenden. Der Grund hierfür ist recht simpel: Das Gehirn „überhört“ die Worte „nicht“ oder „kein“ gerne. So wird aus „Ich habe keine Angst“ schnell „Ich habe Angst“ und aus „Ich lasse mich nicht aus der Ruhe bringen“ wird „Ich lasse mich aus der Ruhe bringen“. Man redet sich also genau das Gegenteil vom Gewollten ein.

Autosuggestive Meditation

Um die Wirkung einer Autosuggestion zu verstärken, kannst du sie in eine Meditation einbauen. Der Vorteil: Du konzentrierst dich voll und ganz auf die Autosuggestion, die Worte kommen kraftvoll bei dir an und wirken entsprechend länger nach. So kannst du die autosuggestive Meditation gestalten:

✦ **Schritt 1**: Vorbereitung

Ziehe dir bequeme Klamotten an und suche einen Ort auf, an dem es möglichst ruhig ist und du mindestens zwanzig Minuten lang ungestört allein sein kannst. Setze oder lege dich auf eine weiche Unterlage und nimm eine Körperhaltung ein, in der du dich voll und ganz wohlfühlst.

✦ **Schritt 2**: Einleitung

Schließe die Augen und lenke deine Aufmerksamkeit auf deine Atmung. Lausche deinem Atem für einige Minuten und stelle sicher, dass deine Gedanken nicht abschweifen. Fällt dir dies schwer, kann dir ein kleiner Trick helfen: Zähle die Atemzüge mit, um deinem Gehirn etwas „mehr“ zu tun zu geben. Du kannst auch nur jeden zweiten Atemzug oder aber in zweier oder dreier Schritten zählen. Nach und nach vereinfachst du diesen kleinen Zusatz wieder, bis du schließlich ohne zu Zählen konzentriert bei der Sache bleiben kannst. Widerstehe außerdem der Versuchung, deinen Atem beeinflussen zu wollen. Lasse ihn einfach natürlich fließen, spüre und beobachte.

✦ **Schritt 3**: Fokus auf die Autosuggestion

Sobald du merklich ruhiger geworden und ganz bei deinem Atem angekommen bist, fängst du damit an, die Autosuggestion deiner Wahl einzubauen. Du denkst dabei im natürlichen Rhythmus deiner Atmung. Sprich: Die Autosuggestion beginnt immer mit dem Einatmen und kann, je nach Länge, auch mehr als einen Atemzug überdauern. Endet die Autosuggestion beim Ausatmen, wartest du mit der Wiederholung ganz einfach, bis du den nächsten Atemzug nimmst. Zähle nicht mit, wie oft du dich wiederholst, sondern tue es so lange, bis du das Gefühl hast, ein gutes Ende für die Meditationseinheit gefunden zu haben.

✦ **Schritt 4**: Stress, Sorgen und Angst ausatmen

Optional kannst du das Ausatmen nutzen, um gedanklich Ballast abzuwerfen. Stelle dir beim Ausatmen vor, die Angst, der Stress und die Sorgen würden deinen Körper mit der Atemluft verlassen. Am besten baust du diesen optionalen Schritt erst ein, wenn die Sache mit den Autosuggestionen gut klappt.

✦ **Schritt 5**: Ausleitung

Du beendest die Meditation, indem du die Autosuggestion zunächst wieder weglässt und deinen Fokus auf deinen Atem lenkst. Einige Atemzüge später öffnest du die Augen und gibst dir einen Moment Zeit, um dich an das Licht zu gewöhnen, deine Glieder zu strecken und entspannt zurück in den ganz normalen Alltag zu finden.

Veränderungen in der Vergangenheit

Die Veränderung, die dir bevorsteht, wirkt im Moment vielleicht überwältigend groß und gravierend. Rückblickend zeigt sich oft, dass der „Berg“ viel kleiner war als man dachte. Um dir dies sowie deine Fähigkeit, Veränderungen zu bewältigen, deutlich zu vergegenwärtigen, werfen wir einen Blick zurück und betrachten die einschneidenden Veränderungen, die du bereits gemeistert hast. Gehe gedanklich zurück zu dem Alter, aus dem du die ersten klaren Erinnerungen besitzt, und wandere in deinem Lebenslauf vorwärts, bis du auf die erste große Veränderung stößt. Je nachdem, wie weit deine Erinnerungen zurückreichen, kann das zum Beispiel der erste Tag im Kindergarten, der erste Schultag oder die erste Fahrstunde sein. Erinnere dich daran, wie du dich vorher, also beispielsweise am Abend und in den Stunden vor dem Ereignis, gefühlt hast. Welche Sorgen hast du dir gemacht? Hattest du Angst? Was hat dich beschäftigt? Rufe anschließend die Erinnerung an das Ereignis selbst ab. Wie war es? Was hast du getan, um „da durch" zu kommen? Wie lange hat es gedauert, bis deine Angst verfolgen war? Zum Schluss erinnerst du dich an den Moment unmittelbar nach der jeweiligen Situation. Welche Gefühle kamen auf? Was hast du gedacht? Und inwiefern hast du die Ängste und Sorgen, die du zuvor empfunden hast, als überzogen oder unnötig erachtet? Nimm dir auf diese Weise eine Veränderung nach der nächsten vor und komme dem Heute dabei Schritt für Schritt näher. Diese Übung hilft dir dabei, deinen Blick zu weiten und nicht nur die eine angstbehaftete Veränderung, deren Konsequenzen unklar sind, zu betrachten, sondern daneben nicht zu vergessen, wie viele Veränderungen du bereits durchlaufen hast. Da wird die Welt von dieser einen weiteren schon nicht untergehen, oder?

Radikale Akzeptanz - Loslassen in der Gegenwart

Die radikale Akzeptanz ist die Fähigkeit, Dinge, auf die du keinen Einfluss hast, uneingeschränkt zu akzeptieren. Je nach Situation fällt das mal leichter und mal schwerer. Grundsätzlich ist diese Fähigkeit jedoch erlernbar und kann mit regelmäßiger Übung relativ zuverlässig ausgebaut und verfestigt werden. Und wozu das Ganze? Der Nutzen dahinter ist simpel: Es ist sinnlos, dich mit Gedanken an Dinge, die du nicht ändern kannst, aufzuhalten. Zugleich macht es dir dies unmöglich, im Hier und Jetzt zu leben und den Moment achtsam wahrzunehmen, schließlich bist du in Gedanken ganz wo anders. Radikal zu akzeptieren, bedeutet, die Grenzen deines Einflusses zu erkennen und

Dinge jenseits dieser Grenzen loszulassen. Zu akzeptieren, was unausweichlich oder für dich nicht zu ändern ist und entsprechend weniger belastet davon weiterzumachen. Zwei Beispiele zeigen dir, wie radikale Akzeptanz im Alltag aussehen kann und welchen Unterschied das radikale Akzeptieren macht:

Frederike wird am kommenden Wochenende dreißig und hat schon eine riesige Party geplant. Rund fünfzig Gäste hat sie eingeladen, um gemeinsam mit ihnen ihren „großen Tag" zu feiern. Doch zwei Tage bevor die Party steigen soll werden in ihrem Landkreis die Kontaktbeschränkungen im Zuge der Corona Pandemie verschärft. An privaten Feiern dürfen ab sofort nur noch maximal zehn Menschen teilnehmen. Frederike ist sauer: Schließlich wird man nur einmal dreißig, und obwohl sie die Maßnahmen zur Eindämmung des Virus nachvollziehen kann, findet sie es unfair, dass nun ausgerechnet sie auf ihre Sause verzichten soll. Die Stimmung ist im Keller…

Option A

…und Frederike ist einfach nur frustriert. Sie verbringt den Tag damit, die Party zu canceln, und ihre Gedanken kreisen dabei unentwegt um ihre Traurigkeit, ihre Enttäuschung, die viele Planung, die sie nun ganz umsonst in die Fete gesteckt hat, und darum, wie ungerecht die Welt doch ist. Die verbleibenden Tage wächst Frederikes Frust, angefacht vom Grübeln und Grämen, und am Tag der geplatzten Feier verkriecht sich die frischgebackene 30-Jährige im Bett. Was soll sie auch sonst tun, schließlich wurde ihre Geburtstagsfeier gestrichen – so ein Mist aber auch.

Option B

…doch Frederike erkennt schnell, dass sich an der Situation nichts ändern lässt. Also hängt sie sich ans Telefon, um Catering und DJ abzubestellen – das bereits angezahlte Geld sieht sie leider nicht wieder. Doch auch das entzieht sich ihrem Einfluss. Frederike atmet einmal tief durch und nimmt sich einen Moment Zeit, um sich gedanklich von ihrer Geburtstagsfeier zu verabschieden. Dann besinnt sie sich auf die Sachlage

und wägt ab, welche Möglichkeiten ihr bleiben. Schließlich entscheidet sie sich kurzerhand dafür, im engsten Kreis mit ihren vier besten Freundinnen zu feiern. Dann wird es eben keine wilde Sause, sondern ein beschaulicher Abend – auch das kann schön werden, findet Frederike.

In Option A lässt sich Frederike voll und ganz von ihrer Enttäuschung und ihren negativen Gefühlen und Gedanken in Beschlag nehmen. Sie zeigt keinen Ansatz, die Situation zu reflektieren und sich konstruktiv damit auseinanderzusetzen, sondern behält den Fokus auf dem, was hätte sein können. Damit tut sie sich keinen Gefallen, denn letztendlich ist es ihre Haltung, die ihr ihren Geburtstag vermiest – noch viel mehr als die zugegebenermaßen missliche Sachlage es je könnte. In Option B schafft es Frederike hingegen, ihre Situation zu akzeptieren. Das gibt ihr die Möglichkeit, das Beste draus zu machen, alternative Wege zu finden und einen Plan B zu schmieden. Im Endeffekt kann sie trotz allem einen schönen Geburtstag erleben und sich die Tage zuvor von der Vorfreude darauf versüßen lassen.

Georg hat einen langen Tag im Büro hinter sich und ist auf dem Weg nach Hause. Zum Glück kommt heute Abend ein Fußballspiel seiner Lieblingsmannschaft im Fernsehen, da kann er sich so richtig entspannen und den Tag super ausklingen lassen. Zuhause angekommen schaltet er den Fernseher ein und muss feststellen, dass das Spiel abgesagt wurde und stattdessen eine Dokumentation läuft. Georg…

Option A

…ist wütend. Anscheinend hat sich heute alles gegen ihn verschworen. Erst der ganze Stress im Büro und jetzt auch noch das – das darf doch nicht wahr sein! Dass es auch immer ihn treffen muss. Wahllos zappt Georg durch die Kanäle, lässt eine alberne Comedyserie laufen, deren Handlung er nicht folgen kann, weil ein ärgerlicher Gedanke in seinem Kopf den nächsten jagt, und geht schließlich früh ins Bett, wo er lange wach liegt und sich in den Schlaf ärgert.

Option B

...ist wütend. Er hat sich so auf das Spiel gefreut und hätte die Unterhaltung heute wirklich gut gebrauchen können. „Tja", denkt er, „dann eben ein andermal." Sicher wird das Spiel in den nächsten Tagen nachgeholt. Georg beruhigt sich und merkt schnell, dass die gezeigte Dokumentation total spannend ist. Er sieht sie sich in Ruhe an und kann sich dabei genauso gut entspannen, wie es beim Schauen des Fußballspiels der Fall gewesen wäre.

Dieses Beispiel veranschaulicht, welchen großen Effekt radikale Akzeptanz schon im ganz kleinen, alltäglichen haben kann. Option A versaut Georg den ganzen Abend, Option B sorgt dafür, dass Wut und Enttäuschung verfliegen können und Georg den Abend dennoch angemessen ausklingen lassen kann.

Kommen wir zu dem Teil, in dem du erfährst, wie du selbst dich in der radikalen Akzeptanz üben kannst. Ganz grundlegend musst du lernen, Dinge, die du beeinflussen kannst, und Dinge, die nicht in deiner Hand liegen, voneinander zu unterscheiden. In der konkreten Situation kannst du dir zu diesem Zweck folgende Fragen stellen:

- Gibt es etwas, das ich tun könnte, um X zu ändern?
- Falls ja: Was genau kann ich tun und ist dies realistisch umsetzbar/sinnvoll/erstrebenswert?
  - ➡ Ja? Tu es.
  - ➡ Nein? Siehe „Falls nein"
- Falls nein: Dann ist radikale Akzeptanz angesagt.

Du siehst dich nun also mit einer Situation konfrontiert, die es radikal zu akzeptieren gilt. So kannst du vorgehen:

Tief durchatmen und innehalten

Erlaube dir einen Moment der Ruhe und atme einmal tief durch. Halte dir die Sachlage vor Augen und ermögliche es dir, dich langsam, aber sicher damit anzufreunden. Diese Minuten des Innehaltens machen es dir leichter, im Anschluss kontrolliert und bewusst handeln zu können.

Bewusstes Akzeptieren

Mache dir klar, dass es dir nicht möglich ist, die Sachlage zu ändern. Und auch, dass das eigentlich vollkommen ok ist. Du kannst beispielsweise Autosuggestionen, wie „Es ist, wie es ist" oder „Ich akzeptiere X", nutzen. Wichtig ist, dass du dir deines nicht vorhandenen Einflusses bewusst wirst und erkennst, dass das Akzeptieren die beste Option ist, die du hast.

Konsequentes Stoppen unnötiger Gedankengänge

Gerade zu Beginn, wenn die radikale Akzeptanz für dich Neuland ist, kann es gut sein, dass deine Gedanken nicht mitspielen und sich hartnäckig am jeweiligen Thema festkrallen. Fällt dir dies auf, können dir diese einfachen Methoden zum Stoppen von Gedankenkreisen und Grübeln weiterhelfen:

Klassischer Gedankenstopp

Sehr weit verbreitet ist der klassische Gedankenstopp: Du stehst auf, stampfst auf den Boden, klatschst in die Hände, rufst laut „Stopp!" und stellst dir dabei ein leuchtend rotes Stoppschild vor. Das dürfte dir ein, zwei Sekunden geben, in denen du deine Gedanken gezielt in eine neue Richtung (siehe nächster Schritt) lenken kannst. Befindest du dich unter Leuten, kannst du den Stopp in einer abgeschwächten und situationsbezogen tauglicheren Variante durchführen: Richte dich zur vollen Größe auf, balle die Fäuste, rufe in Gedanken „Stopp!" und stelle dir das Stoppschild vor.

Dem Gedankenkreis entgegentreten

Diese Methode eignet sich, wenn deine Gedanken bereits Fahrt aufgenommen haben und sich fleißig im Kreis drehen. Achtung: Die folgende Frage klingt bescheuert, trotzdem kann es gut sein, dass du intuitiv eine Antwort darauf hast. In welche Richtung kreisen deine Gedanken? Stehe auf und gehe in die entgegengesetzte Richtung im Kreis. Das hört sich extrem seltsam an und du kommst dir am Anfang vermutlich auch dezent blöd dabei vor, die Erfahrungen sprechen aber für sich und belegen, dass diese Maßnahme Wunder wirken kann.

Das konsequente Aussteigen

Stelle dir den Kreis, in dem deine Gedanken sich bewegen, bildlich als Zirkel auf dem Boden vor. Stelle dich in die Mitte dieses Zirkels und trete mit einem großen Schritt bewusst aus dem Kreis heraus. Drehe dich bestimmt weg und gehe einige Schritte davon. Auch diese Übung mag gewöhnungsbedürftig sein, verfehlt ihre Wirkung aber nicht.

Alle drei vorgestellten Methoden funktionieren möglicherweise nicht beim ersten Mal. Vielleicht bescheren sie dir nur wenige Sekunden der gedanklichen Ruhe, bevor sich das mentale Karussell wieder unermüdlich zu drehen beginnt. Das ist ganz normal. Lasse dich nicht verunsichern und probiere gegebenenfalls Kombinationen aus, um den Effekt zu verstärken. Führe zum Beispiel als erstes den Stopp durch und gehe dann dem Gedankenkreis entgegen oder verbinde das Entgegentreten mit dem Aussteigen. Probiere aus, bleibe dran und finde heraus, welche Methode oder Kombi für dich am besten funktioniert.

Lenken der Aufmerksamkeit auf Alternativen

In der Sekunde, in der du durch die eben geschilderten Methoden für eine kurzzeitige Unterbrechung der negativen Gedankenspirale gesorgt hast, musst du augenblicklich handeln, damit der Kreislauf nicht von neuem beginnt. Das tust du, indem du deine Gedanken gezielt in eine neue Richtung lenkst. „Anfängern" ist eher nicht dazu zu raten, sich direkt mit möglichen Alternativen unter Berücksichtigung der Sachlage zu befassen, da dies zu nah am Thema ist und die Gefahr somit hoch ist, dass die Gedanken ohne große Umwege zurück zum ursprünglichen Kreisen finden. Verschaffe dir zunächst einen „Puffer" und etwas Abstand: Konzentriere dich zum Beispiel postwendend auf ein herausforderndes, aber nicht überforderndes Sudoku oder Kreuzworträtsel. Geeignete Apps kannst du kostenlos downloaden, sodass du die Ablenkungsübungen immer mobil dabei hast. Ergänzend kannst du vorsorglich eine Liste mit Themen anlegen, mit denen du dich dringend befassen solltest. Das können beispielsweise das Finden eines Geburtstagsgeschenks für die beste Freundin, der Onlinekauf einer neuen Jeans, das Lesen eines Artikels, den du dir „für später" abgespeichert hast, oder das Schreiben einer ausstehenden Bewertung für ein gekauftes Produkt sein. Erst wenn du dich einigermaßen sicher in deiner radikalen Akzeptanz fühlst, wendest du dich der zugrundeliegenden Thematik erneut zu. Dabei achtest du darauf, von vornherein konstruktiv an das Thema heranzugehen und dich nicht auf das, was du akzeptiert hast, an sich, sondern auf die Optionen, die du nun hast, zu konzentrieren. Denn wenn sich eine Tür schließt, öffnen sich mindestens zwei neue.

Einlassen auf das positive Erleben

Du hast es geschafft, die Sachlage radikal zu akzeptieren und bist gerade dabei, das Beste draus zu machen, aber das alles fühlt sich irgendwie falsch an? Das liegt vermutlich daran, dass es dir innerlich (noch) widerstrebt, das eigentlich Negative nun positiv zu erleben. Du bist es gewohnt, dich dem Missmut, der Enttäuschung, dem Selbstmitleid und der Wut hinzugeben, wohingegen die Akzeptanz und die neue, positive Ausrichtung dir relativ fremd sind. Lasse dich nicht beirren: Du wirst diesen neuen Umgang mit nicht beeinflussbaren Ereignissen schneller als du denkst verinnerlichen und dich immer unbeschwerter und freimütiger auf das positive Erleben trotz negativer Ausgangslage einlassen können.

Achtsamkeit - Das Sein im Hier und Jetzt

Das Sein im Hier und Jetzt gehört zu den fünf Kerngedanken des Ikigais und kann nur durch die Achtsamkeit erreicht werden. Es bedeutet, den aktuellen Moment mit allen Sinnen wahrzunehmen und so mit 100 % der Aufmerksamkeit zu erleben. Das geht nicht, wenn einem gegenwärtige Ablenkungen, Belastungen aus der Vergangenheit oder Zukunftssorgen im Wege stehen, weshalb das Loslassen eben dieser Hindernisse später in diesem Kapitel umfassend thematisiert wird. An dieser Stelle wollen wir uns aber zunächst mit der Achtsamkeit in ihrer puren, reinen Form beschäftigen. Achtsam zu leben, bedeutet:

- ...im Hier und Jetzt zu sein, frei von Gedanken an Vergangenheit oder Zukunft.
- ...den Moment mit allen fünf Sinnen zu erleben.
- ...den Moment in all seinen Facetten wahrzunehmen.
- ...den Moment wahrhaftig zu erleben.

Wann hast du zuletzt etwas gegessen, ohne dich dabei zu unterhalten, Zeitung zu lesen oder aufs Handy zu schauen? Wann hast du zuletzt geduscht, ohne dabei schon an das Zähneputzen, das Frühstücken oder den bevorstehenden Tag zu denken? Wann hast du dich zuletzt angezogen und dabei die Fasern des Stoffs auf deiner Haut oder den Geruch der frisch gewaschenen Weste bewusst wahrgenommen? Multitasking mag im Berufsleben und Familienmanagement nicht nur Vorteile haben, sondern an manchen Punkten sogar absolut notwendig sein. Es beraubt dich aber der Fähigkeit, das, was du tust, wirklich mitzubekommen – und zwar umfassend und intensiv. Diese Übungen eignen sich optimal, wenn du achtsamer leben und mehr Momente des achtsamen Erlebens in deinen Alltag einbauen möchtest:

Achtsames Essen

Wenn du beim Essen nicht in Gesellschaft bist, sodass es nicht unhöflich ist, still zu sein und nicht zu kommunizieren, kannst du es achtsam tun. Nehmen wir einmal an, du isst einen Apfel. Du tust nichts anderes, schaust nicht auf dein Smartphone, denkst nicht an das Ende der Mittagspause, sondern gibst dich dem Geschehen „Apfelessen" voll und ganz hin. Bevor du den ersten Bissen nimmst, schaust du dir den Apfel an. Ist er grün oder rot? Wie intensiv ist seine Färbung? Sieht er saftig oder eher mürbe aus? Ist er groß oder klein? Fahre mit deinen Fingern über die Oberfläche des Obstes und fühle die Glätte sowie jede kleine Macke und Unregelmäßigkeit. Beiße schließlich hinein und achte dabei auf das Geräusch, das entsteht, wenn sich deine Zähne in die Frucht vertiefen. Kaue ausgiebig und konzentriere dich auf den Geschmack des Apfels. Ist er eher süß oder sauer? Schmeckt er mild oder intensiv? Welche Geräusche entstehen beim Kauen? Wie fühlt sich das Apfelstück in deinem Mund, auf deiner Zunge, an deinem Gaumen und auf seinem Weg die Speiseröhre hinunter an? Kannst du den Apfel zusätzlich riechen? Wenn ja, wie riecht er? Süßlich, sauer oder herb? Wie verändert sich das Aussehen des Apfels, je mehr Bissen du nimmst?

Achtsames Anziehen

Auch das Anziehen der Alltags-/Berufskleidung am Morgen und das Anziehen des Pyjamas am Abend können achtsam erlebt werden. Wie sieht das Kleidungsstück, das du anziehen möchtest, aus? Wie fühlt es sich zwischen deinen Fingern an? Wie riecht es? Welches Gefühl verursacht es beim Anziehen auf der Haut? Wie hört es sich an, wenn du die Bluse über deinen Kopf oder die Jeans über deine Beine streifst?

Achtsames Zähneputzen

Da die Zähne ohnehin jeden Tag mindestens zweifach geputzt werden müssen, bietet sich auch hier eine wunderbare Gelegenheit zum Training der Achtsamkeit. Wir fühlt sich der Griff der Zahnbürste in deiner Hand an? Wie die Tube der Zahncreme? Kannst du die Zahncreme riechen, wenn du sie auf die Borsten der Zahnbürste drückst? Wie hört sich das Wasser, das aus dem Wasserhahn kommt, an? Wie hört es sich an, wenn es auf den Zahnbürstenkopf trifft? Wie schmeckt die Zahncreme? Wie fühlt und hört sich das Reiben der Borsten über die Zähne und das Zahnfleisch an? Welche Geräusche entstehen, wenn du ausspuckst und deinen Mund mit Wasser ausspülst? Wie verändert sich der Geschmack dabei?

Achtsame Auszeit in der Natur

Begib dich an einen Platz in der Natur, der möglichst verlassen ist. Parks eigenen sich entsprechend weniger gut. Perfekt sind ruhige Waldstücke und abgelegene Wiesen. Nimm eine Decke mit, auf der du dich bequem niederlassen kannst. Betrachte zunächst deine Umgebung: Was siehst du? Welche Farben fallen dir auf? Welche Formen hat die Natur zu bieten? Schließe dann die Augen und lausche: Was hörst du? Was riechst du? Riecht es zum Beispiel nach Harz, Blumen oder Moos? Wie fühlt sich dein Körper auf dem Boden an? Spürst du den natürlichen Untergrund unter der Decke?

Achtsames Zubettgehen

Jeden Abend legst du dich in dein Bett – das kannst du also genau so gut achtsam tun. Wie sehen das Bett, die Bettlaken, die Kissen und die Decke aus? Wie fühlt es sich an, wenn du dich ins Bett sinken lässt, dein Kopf das Kissen berührt und dein Körper von der Decke bedeckt wird? Was riechst du? Und was kannst du hören? Eine kurze Achtsamkeitsübung vor – beziehungsweise in diesem Fall beim – Zubettgehen kann übrigens auch dazu beitragen, dass du leichter und schneller einschläfst.

50 Sekunden Achtsamkeit in jeder Situation

Ganz egal, wo du gerade bist und was du machst, kannst du 50 Sekunden der Achtsamkeit einschieben – zehn Sekunden für jeden deiner Sinne. Du hältst kurz inne und nimmst je zehn Sekunden lang wahr, was du siehst, hörst, tastest, riechst und schmeckst.

Telefonat mit einem Alien

Du suchst eine Challenge? Dann ist diese Übung genau das richtige für dich! Suche dir einen relativ einfach gestalteten Gegenstand, zum Beispiel eine Tasse, einen Ball, einen Teller, ein Stück Seife oder eine Kerze, aus. Deine Aufgabe ist es, diesen Gegenstand möglichst präzise zu beschreiben – und zwar im imaginären Telefonat mit einem Alien, der die Erde noch nie besucht hat. Du kannst folglich keine Vergleiche – wie etwa „es riecht nach Rosen" oder „es fühlt sich wie ein Teppich an" – nutzen. Denn: Der Außerirdische kennt keine Rosen und hat noch nie einen Teppich berührt. Bei deiner Beschreibung des Gegenstands, den sich der Außerirdische später möglichst genau vorstellen können soll, wanderst du durch deine Sinne. Du beginnst mit dem Sehen, fährst mit Hören und Tasten fort und endest beim Riechen und (je nach Gegenstand) Schmecken. Viel Spaß!

Selbstreflektion

Beobachten und Analysieren der eigenen Gefühle, Gedanken und Handlungen. Um herauszufinden, was genau deine Leidenschaft, deine Mission, deine Vocation und deine Profession sind und zu überprüfen, ob die getroffenen Veränderungen und eingeschlagenen Wege dich deinem Ikigai tatsächlich näher bringen, ist eine regelmäßig erfolgende Selbstreflektion unerlässlich. Selbstreflektion hat viel mit Achtsamkeit zu tun, denn du kannst nur reflektiert betrachten und analysieren, was du zuvor wahrgenommen hast. Wann immer du also eine Veränderung durchsetzt oder einen Schritt in eine bestimmte Richtung mit dem Ziel Ikigai gehst, stellst du dir folgende Fragen:

- Wie fühle ich mich dabei?
- Welche Gedanken kommen auf?
- Stehe ich hinter dem, was ich da tue?
- Welche Konsequenzen hatte mein Handeln bisher?
- Wie fühlt sich das an?
- Wie denke ich darüber?

Der Vorteil dieser Selbstreflektion ist, dass du frühzeitig die Notbremse ziehen kannst, wenn du feststellen solltest, dass sich negative Gefühle und Gedanken ansammeln und dein Handeln nicht das bezweckt, was du dir erhofft hast. Im Umkehrschluss führt die Selbstreflektion zu Bestätigung, wenn eine Handlung die Gefühle und Gedanken anstößt, die gewollt sind, und du weißt, dass du einen Schritt in die richtige Richtung gemacht hast. Diese drei kurzen Übungen kannst du zusätzlich zur Beschäftigung mit den genannten Fragen im Sinne der Selbstreflektion nutzen:

Emotions-Check

Halte einmal täglich kurz inne und nimm dir eine Minute Zeit, um dich voll und ganz auf deine Gefühlswelt zu konzentrieren. Wie geht es dir auf emotionaler Ebene? Welche Gefühle erlebst du? Welche würdest du vielleicht gerne erleben, die aktuell noch ausbleiben? Und was kannst du tun, um deine emotionale Lage in genau diesem Moment zu verbessern?

Gedanken-Check

Halte wieder inne und konzentriere dich auf die Gedanken, die dir durch den Kopf gehen. Welche sind es? Was sagen sie aus? Worauf beziehen sie sich und was sagen sie dir? Ist es aktuell sinnvoll, Maßnahmen zum Stoppen und Umlenken der Gedanken zu ergreifen?

Ikigai-Check

Innhalten und spüren: Kommst du deinem Ikigai näher oder hast du eher Gefühle und Gedanken, die dir zeigen, dass du dich weiter davon entfernst? Falls ja: Was kannst du in diesem Augenblick tun, um die Richtung auf zielführende Weise zu ändern?

Vergangenheitsarbeit - Loslassen der Vergangenheit

Das Thema Vergangenheitsarbeit ist ein heikler Punkt, denn je nachdem, wie deine Vergangenheit aussieht, kann eine eigenständige „Aufarbeitung" eine schlechte Wahl sein. Ist deine Vergangenheit von einem Trauma oder gar mehreren Traumata belastet, solltest du dir unbedingt professionelle Hilfe suchen, die dich angemessen beim Loslassen begleitet. Die folgenden Ansätze und Übungen sind ausdrücklich nicht dafür geeignet, ein Trauma aufzuarbeiten, und dienen nicht als Ersatz für die Anleitung durch einen Therapeuten. Überlege dir daher gut, ob du dich der Auseinandersetzung mit deiner Vergangenheit gewachsen fühlst und überspringe diesen Abschnitt ansonsten. Im Folgenden geht es mitunter um verinnerlichte Glaubenssätze sowie um Geschehnisse aus der Vergangenheit, die sich bis heute auf negative Weise auf dich auswirken. Da die Vergangenheitsarbeit ein sehr individueller Prozess ist, solltest du dringend davon absehen, die Übungen als pauschalen Leitfaden anzusehen, und sie nicht im Alleingang weiterverfolgen, wenn du dich unwohl oder unsicher fühlst.

Glaubenssätze – Das Echo der Vergangenheit

Ein Glaubenssatz ist eine verinnerlicht Annahme, die in der subjektiven Wahrnehmung der Welt als absolute Wahrheit angesehen wird. Die Wurzeln der meisten dieser Glaubenssätze liegen in der Vergangenheit, genauer gesagt in der Kindheit. Wie mächtig sie sein können, verdeutlicht diese humoristische Erzählung:

Eine Frau wird als Patientin in eine psychiatrische Klinik aufgenommen. Sie vertritt die starke Auffassung (den Glaubenssatz), sie wäre eine Leiche. Ein Psychiater nimmt sich ihr an und fragt sie, ob Leichen bluten können. Sie verneint, daraufhin sticht ihr der Psychiater in den Finger und sofort quillt ein Tropfen Blut aus der Wunde hervor. „Ich hatte unrecht", meint die Patientin erstaunt, „Leichen können bluten."

Manche Glaubenssätze sitzen so tief, dass selbst eindeutige Beweise, die sie objektiv widerlegen, so verdreht und zurechtgerückt werden, dass der Glaubenssatz weiter Bestand haben kann. Zum Glück kann es uns dennoch gelingen, alte Glaubenssätze, die uns negativ beeinflussen, zu „überschreiben". Die Voraussetzung für all das ist es aber, sich der eigenen Glaubenssätze zuerst bewusst zu werden. Dabei kann dich ein Gedankentagebuch unterstützen:

Gedankentagebuch

TAG	Gedanken
X	▸ *War ja klar, dass ich die Prüfung wieder verhaue.* ▸ *Kann ich eigentlich irgendwas richtig machen?* ▸ *Die da drüben tuscheln, bestimmt lästern sie über mich.* ▸ *Mist, die Jeans passt auch nicht mehr. Ich bin einfach ekelhaft und fett.* ▸ *Ich werde nie genug Geld verdienen, um stolz auf mich sein zu können.* ▸ *Klar hat mein Date mich versetzt, mich kann man einfach nicht lieben.*
1	
2	

3	
4	
5	
6	
7	

Das Gedankentagebuch ist dazu da, deine negativen Gedanken zu dokumentieren. Du kannst es selbstverständlich kopieren, um deine Gedanken über die sieben Tage, die hier vorgesehen sind, hinaus zu notieren. Das ist übrigens zu empfehlen, da eine Dokumentation über mindestens zwei, besser noch drei Wochen hinweg aussagekräftigere Ergebnisse liefert. Trage während dieser Zeit immer Notizzettel bei dir oder installiere eine App für Notizen, sodass du die Gedanken sofort notieren kannst, wenn sie dir als negativ auffallen. Bemühe dich, grundehrlich zu sein und schreibe auch Gedanken auf, für die du dich vielleicht schämst. Schließlich ist das Tagebuch nur für deine Augen bestimmt und du musst es niemandem zeigen. Anschließend suchst du nach Wiederholungen. Du siehst dir die Einträge der vergangenen Wochen an und überprüfst sie mit Fokus auf ähnliche Themen und Muster. Hier ist nicht unbedingt der genaue Wortlaut, sondern vielmehr dessen Aussage von Relevanz. Es ist sehr wahrscheinlich, dass dir auf diese Weise zwei oder mehr Bereiche auffallen, auf die sich deine negativen Gedanken immer wieder zu beziehen scheinen. Dann liegt diesen Gedanken vermutlich ein Glaubenssatz zugrunde. Diesen kompletten Absatz mit Bezug auf Glaubenssätze durchlaufen wir am Beispiel von Dora:

Dora hat das Gedankentagebuch konsequent geführt und zieht nach drei Wochen Bilanz, indem sie sich ähnelnde Gedanken zusammenfasst:

Kategorie 1

- *War ja klar, dass ich die Prüfung weder verhaue.*
- *Kann ich eigentlich irgendetwas richtig machen?*
- *Der Kuchen ist verbrannt – nicht mal das kriege ich hin.*
- *Ich bin nur zweite geworden, dabei hätte ich erste sein müssen. Aber das würde ich ohnehin nie hinkriegen.*

Kategorie 2

- *Die da drüben tuscheln, bestimmt lästern sie über mich.*
- *Warum kann ich nicht einfach normal sein?*
- *Der Typ flirtet doch nur mit mir, damit er sich später mit seinen Kumpels über mich lustig machen kann.*
- *Ich darf nicht auffallen, ich wünschte, ich wäre unsichtbar.*

Kategorie 3

- *Mist, die Jeans passt auch nicht mehr. Ich bin einfach ekelhaft und fett.*
- *Ich kann nicht ins Freibad, sowas Wabbeliges wie mich will doch keiner sehen.*
- *Wenn ich nur 10 kg abnehmen könnte, wäre ich zufrieden.*
- *Wie undiszipliniert bin ich nur, dass ich schon wieder zwei Stücke Kuchen gegessen habe? Kein Wunder platze ich aus allen Nähten.*

- *Wer schön sein will, muss leiden.*
- *Am liebsten würde ich das Fett mit einer Schere wegschneiden, dann könnte ich vielleicht endlich schön sein.*
- *Wenn ich nicht so verdammt faul und verfressen wäre, würden meine Oberschenkel nicht wie eine Kraterlandschaft aussehen und ich könnte auch mal Shorts tragen.*

Kategorie 4

- *Ich werde nie genug Geld verdienen, um stolz auf mich sein zu können.*
- *Wenn ich nicht endlich anfange, etwas aus mir zu machen, bleibe ich für immer ein Loser.*
- *Ich bin selbst daran schuld, dass ich immer noch in einer Zweizimmerwohnung wohne und Busfahren muss. Andere Leute in meinem Alter haben längst ihre erste Million verdient.*

Kategorie 5

- *Klar hat meine Freundin mich verlassen, mich kann man einfach nicht lieben.*
- *Wie soll ich eine Person finden, die mich liebt, wenn ich mich selbst nicht lieben kann?*
- *Ich wünschte, ich wäre liebenswert.*
- *Keiner liebt mich und ich habe es auch nicht anders verdient.*

Doras Aufgabe ist es nun, herauszufinden, welcher Glaubenssatz jeweils hinter diesen Gedankenmustern steckt. Sie kommt zu diesem Ergebnis:

Glaubenssatz **1**	*„Ich bin nicht gut genug."*
Glaubenssatz **2**	*„Ich bin anders und muss mich dafür schämen."*

Glaubenssatz **3**	*„Mein Körper ist ekelhaft. Dicke Körper sind widerlich, weshalb sie nicht schön sein können.“*
Glaubenssatz **4**	*„Etwas erreicht zu haben, bedeutet, viel Geld zu machen und sich luxuriöse Dinge leisten zu können“*
Glaubenssatz **5**	*„Ich bin nicht liebenswert und niemand kann mich lieben.“*

Doras Glaubenssätze sind tief verwurzelt und ständige Begleiter, die ihr das Leben unnötig schwer machen. Um sie loszuwerden beziehungsweise zu „überschreiben“, muss sie einiges an Kraft, Zeit und Mühe investieren – doch es wird sich für sie lohnen. So kann sie vorgehen:

Ursprung der Glaubenssätze aufspüren

Dora wagt den Blick in ihre Vergangenheit und versucht herauszufinden, warum sie diese Glaubenssätze verinnerlicht hat. Ihre Erkenntnisse:

„Ich bin nicht gut genug“: *Dora erinnert sich, dass ihr Vater ihr in ihrer Kindheit wenig Aufmerksamkeit geschenkt hat. Nur dann, wenn sie herausragende Zensuren heimbrachte, gab es lobende Worte und vielleicht sogar eine Umarmung. Hatte Dora eine Zwei, fragte ihr Vater stets, warum es keine Eins geworden war. „Eine Zwei ist gut, aber eben nicht sehr gut“, pflegte er zu sagen. Dora beobachtete als Kind zudem, wie der Vater die Mutter stets für das Essen kritisierte, das sie auf den Tisch brachte: „Wieder mal versalzen“, „Nicht mehr warm genug“, „Kaum genießbar, wenn man bedenkt, dass du den ganzen Tag nichts anderes zu tun hast.“ Weder sie als Tochter noch ihre Mutter, die Dora eigentlich als großes Vorbild diente, konnten den Ansprüchen des Vaters gerecht werden.*

„Ich bin anders und muss mich dafür schämen“: ***(TW: Queer-Feindlichkeit)*** *Ungefähr in dem Alter, in dem Dora in die Grundschule kam, begann sie damit, sich gegen Kleidchen, Röcke und* *blumige Blusen zu wehren. Sie trug lieber Latzhosen, kam selten mit sauberen Klamotten nach Hause und bestand darauf, eine Kurzhaarfrisur zu bekommen. Für ihre Mitschüler war sie ein gefundenes Fressen: Für die Mädchen war sie zu jungenhaft, für die Jungs einfach nur ein komisches Mädchen. Kurzum: Dora wurde aufgrund ihres Andersseins gemobbt. Ihre Mutter zeigte wenig Verständnis: „Wenn du normal wärst, würdest du Freunde finden. Aber du musst ja unbedingt deinen Kopf durchsetzen." Im Alter von 14 wurde Dora so langsam bewusst, dass sie bisexuell ist. Lange behielt sie dies für sich, doch irgendwann war ein Punkt erreicht, an dem sie ihre sexuelle Orientierung nicht länger verheimlichen konnte: Sie hatte ein Mädchen kennengelernt und die Sache entwickelte sich zu einer altersgemäß ernsten Beziehung, weshalb sie ihre Eltern einweihen musste. „Das ist ja mal wieder typisch", spöttelte ihr Vater, „Immer musst du gegen den Strom schwimmen." „Warum kannst du nicht einfach normal sein?", fragte Doras Mutter mit Tränen in den Augen. Ein unverzeihliches Verhalten der Eltern, das sich logischerweise tief in Doras Herz und Seele gegraben hat.*

„Mein Körper ist ekelhaft. Dicke Körper sind widerlich, weshalb sie nicht schön sein können": ***(TW: Fatshaming)*** *In der Pubertät hat Dora, die bislang immer sehr schlank gewesen war, zugenommen. Ihre Hüften wurden breiter, die Brust begann sich zu entwickeln und als dann auch noch das Frustessen dazukam, sammelte sich Pfund für Pfund eine Gewichtszunahme von etwa 15 kg binnen eines Jahres an. Dora selbst war nicht unzufrieden mit ihrem Körper – zumindest solange, bis sie die ersten Kommentare dazu erntete: „Für dich gibt es heute keinen Nachtisch", meinte ihre Mutter, ihr Bruder grunzte, während er ihr in den Hüftspeck zwickte, und ein Mitschüler begrüßte sie eines Morgens vor versammelter Klasse mit „Die fette Dora ist gelandet – ich wiederhole, die fette Dora ist gelandet." Wohlmeinende Verwandte, die anlässlich Doras 14. Geburtstags eingeladen waren, äußerten sich mit „Da hat man ja richtig was zu umarmen" oder „Wir schenken dir einen Gutschein fürs Fitnessstudio, den kannst du sicher brauchen." Und auch Freundinnen und Freunde nahmen sich ganz selbstverständlich heraus, Doras Körper zu kommentieren: „Du hast so ein hübsches Gesicht" oder „Mit 20 Kilo weniger wärst du eine echte Schönheit" hörte Dora immer wieder. All diese Kommentare führten dazu, dass Dora* *ihren Körper zu hassen begann und außerdem die Gewissheit erlangte, dass „dick“ und „schön“ sich grundsätzlich ausschließen.*

„Etwas erreicht zu haben, bedeutet, viel Geld zu machen und sich luxuriöse Dinge leisten zu können“: *Wie bereits erwähnt, schenkte Doras Vater ihr nur selten Aufmerksamkeit. Das lag mitunter auch daran, dass er „big in business“ war und somit viel Zeit damit verbrachte, die Karriereleiter hinaufzuklettern, geschäftlich zu reisen und nach einer Beförderung immer direkt die nächste anzustreben. Aus Doras Sicht war er weitaus stolzer auf seine vier Luxusschlitten, seine Rolex Sammlung und die juwelenbesetzten Armbänder, die er ihrer Mutter oft schenkte, als er es jemals auf seine Tochter gewesen war. Nach Doras Abitur wollte sie Sozialpädagogik studieren, was ihr Vater mit einem höhnischen Lachen kommentierte. „Damit verdienst du keinen Pfennig“, sagte er, „Wie willst du dir da unseren Lebensstandard finanzieren?“ Dora argumentierte damit, dass sie eine sinnvolle Arbeit anstrebe und Menschen helfen wolle, was ihr nur einen verächtlichen Blick einbrachte. „Wenn du wirklich etwas erreichen möchtest“, riet ihr Vater, „studiere BWL oder Jura. Da kannst du ordentlich Kohle scheffeln.“*

„Ich bin nicht liebenswert und niemand kann mich lieben“: ***(TW: Psychische und physische Gewalt)*** *Mit 16 ging Dora ihre erste „echte“ Beziehung ein, in der mehr als nur verschämtes Flirten auf dem Schulhof und Händchenhalten gefragt war. Ihr Freund, damals 24, trat zunächst als liebevoller, verständnisvoller Mensch auf, der sich für Doras Ansichten und Meinungen interessierte, ihr viele Komplimente machte und sie rundum zu akzeptieren schien. Dann kam der Wendepunkt, der sich – rückblickend betrachtet – wiederholt angekündigt hatte. Wann immer Dora eine Kritik vorzubringen hatte oder nicht zu allem „Ja und Amen“ sagte, wurde sie beschimpft, angebrüllt und hin und wieder sogar geschlagen. „Du kannst froh sein, dass ich dich will“, sagte ihr Freund, „Niemand anders würde jemanden wie dich lieben können.“ Dora weinte, flehte ihn Mal um Mal um Verzeihung an und fühlte sich von Woche zu Woche weniger liebenswert. Einmal, als ihr Freund ihr eine besonders heftige Ohrfeige verpasste, die Doras Nase zum Bluten brachte, entschuldigte sie sich postwendend und ihr kam nicht einmal mehr der Gedanke, dass eigentlich er ihr eine Entschuldigung schuldig gewesen wäre. Die Beziehung dauerte vier Jahre an und wurde von Do-*

ras Freund mit den Worten „Ich kann dich höchstens benutzen, Liebe ist da nicht drin“ beendet.

Den Ursprung entwurzeln und entmachten

Das Beispiel „Dora“ ist in Teilen recht plakativ und beinhaltet außerdem Themen und Ereignisse, die definitiv nicht auf eigene Faust und ohne psychologische Hilfe aufgerollt und bearbeitet werden sollten. Dennoch eignet sich das Beispiel gut, um aufzuzeigen, welche Schritte und Ansätze nach der Identifikation der persönlichen Glaubenssätze und deren Ursprüngen gegangen werden können. Dora setzt sich weiter mit den einzelnen Glaubenssätzen auseinander und betrachtet deren „Entstehungsgeschichten“, um sich darüber bewusst zu werden, wie die Glaubenssätze ihren Weg in ihr Bild der Welt gefunden haben und warum sie dort so stark verankert sind. Allein diese Auseinandersetzung kann den Glaubenssätzen und vor allem den Ereignissen und Erfahrungen, die zu deren Etablierung geführt haben, einen Teil ihrer Macht nehmen. Dora ist ihnen nicht mehr vollkommen ausgeliefert, sondern weiß um die Hintergründe und hat somit eine Basis geschaffen, auf der es ihr möglich ist, gegen die negativen Glaubenssätze zu arbeiten, deren Anker Millimeter für Millimeter einzuholen und irgendwann wie einen abgestorbenen Zahn, der aufgehört hat zu schmerzen, zu entwurzeln und zu ziehen.

Jedem Gedanken widersprechen

Ein guter und langfristig oft sehr wirkungsvoller Ansatz ist das konsequente Widersprechen sämtlicher Gedanken, die einem unerwünschten Glaubenssatz entspringen. Wie beim Führen des Gedankentagebuchs, bleibst du hierfür aufmerksam und versuchst, entsprechende Gedanken schnell als solche zu erkennen. Dann ist es wichtig, immer Kontra zu geben. Denkt Dora zum Beispiel „Ich bin nicht liebenswert“, korrigiert sie sich postwendend und hängt ein „Quatsch, natürlich bin ich liebenswert“ an. Das ist recht mühsam und eine echte Aufgabe, hilft aber dabei, die Glaubenssätze weiter zu entmachten, indem deren Produkte in Form von Gedanken nicht mehr einfach hingenommen, sondern präzise richtiggestellt werden. Dieses Widersprechen kann extrem „empowernd“ sein: Dora fühlt sich gestärkt durch die Möglichkeit, endlich selbst Einfluss auf die schädlichen Gedankengänge, unter denen sie so lange gelitten hat, zu nehmen, und spürt, wie ihr das Widersprechen immer prompter und vehementer gelingt, während die zu korrigierenden Gedanken langsam, aber sicher weniger häufig aufkommen und weniger heftig ausfallen. Das Infragestellen dessen, was jahrelang als absolut geltende Wahrheit angesehen wurde, raubt den Glaubenssätzen mit jedem einzelnen Moment des Widerspruchs ein bisschen ihrer Macht. Schon bald sind sie nicht mehr übermächtig, sondern beginnen zu wackeln, zu schrumpfen und die Sicht auf ihre Anfechtbarkeit und ihren eigentlich geringen Wahrheitsgehalt freizugeben.

Neue Glaubenssätze etablieren

Es gibt zahlreiche Methoden, viele davon aus dem Bereich des NLP (Neuro-linguistisches Programmieren), die auf das Etablieren neuer Glaubenssätze abzielen. Stichworte sind hier das Dickens Pattern, das Re-Imprinting und die Mentor-Technik. Erfahrungsgemäß funktionieren diese Methoden ausgesprochen gut, wobei ihr Erfolg stark von der richtigen Ausführung abhängt. Deshalb wendet man sie im Idealfall mit der Unterstützung eines NLP Coachs an. Vorarbeit kannst du prinzipiell aber auch ohne Coach und integriert in deinen Alltag leisten. So macht es auch Dora:

Zunächst überlegt sich Dora, welche neuen Glaubenssätze sie gerne verankern würde. Sie orientiert sich dabei hauptsächlich an den negativen Glaubenssätzen, die sie dabei ist, auszumerzen, und denkt darüber nach, wie diese lauten müssten, damit sie ihr Leben zum Positiven verändern würden. Im Resultat notiert Dora diese neuen Glaubenssätze:

- *Ich bin gut genug.*
- *Es ist ok, anders zu sein.*
- *Mein Körper ist schön.*
- *Erfolg und Geld hängen nicht zwangsläufig miteinander zusammen.*
- *Ich bin liebenswert.*

Diese Sätze baut Dora als Autosuggestionen täglich mehrfach in ihren Alltag ein. Immer dann, wenn sie eine Erfahrung macht, die die neuen Glaubenssätze bestätigt, besinnt sie sich konzentriert auf diesen Moment und spürt die Wirkung der besseren Glaubenssätze, die langsam zu keimen beginnen. Jedes Mal, wenn sie die Autosuggestionen spricht, die alten, schlechten Glaubenssätze korrigiert oder ihre neuen Glaubenssätze bestätigt weiß, wässert sie die noch zarten Pflänzchen und regt deren Wachstum hin zu großen, festen und als absolut wahr empfundenen Glaubenssätzen an.

Vergebung – Warum du nicht vergeben musst, um loslassen zu können

Geht es um das Loslassen der Vergangenheit, wird früher oder später zumeist die Vergebung ins Spiel gebracht. Dann wird häufig argumentiert, dass man schlimme vergangene Erlebnisse nur verarbeiten und loslassen kann, wenn man es schafft, dem Verantwortlichen zu vergeben. Im Umkehrschluss heißt das, dass ein Loslassen, ohne zuvor zu vergeben, nicht möglich ist. Und genau das ist nicht wahr. Es ist vollkommen in Ordnung, wenn es Dinge aus deiner Vergangenheit gibt, die du nicht vergeben möchtest oder kannst. Natürlich ist die Vergebung mit einem inneren Prozess verknüpft, der vorteilhaft sein kann, es kann aber auch das Gegenteil der Fall sein. Du allein entscheidest, was und wem du vergibst, und was oder wer deine Vergebung nicht erhält. Wichtig ist eigentlich nur, dass es dir mit deiner Entscheidung gut geht. Dann kann das Erlebte nämlich uneingeschränkt losgelassen werden – ganz gleich, ob es vergeben wurde oder nicht. Schließlich bedeutet weder Loslassen noch Vergeben, dass das Jeweilige vergessen wird und dich nicht mehr begleitet. Es geht nicht um ein Verdrängen oder Vergessen, sondern um ein Abschließen, in dessen Folge die Erfahrung keine gegenwärtige Belastung mehr darstellt.

Prägende Erlebnisse – Was lässt dich nicht los?

Das menschliche Gedächtnis und Erinnerungsvermögen ist höchst komplex. Was genau wie präzise und lange abgespeichert wird, hängt mitunter damit zusammen, mit welchen Emotionen in welcher Stärke das Erlebnis oder die Information verknüpft ist. Aus diesem Grund erinnerst du dich zum Beispiel deutlich lebhafter an deinen ersten Kuss als an eine bestimmte Jahreszahl, auch wenn der Kuss viele Jahre zurückliegt und die Jahreszahl erst gestern in einer Dokumentation genannt wurde. Die meisten Erinnerungen, die uns bis in die Gegenwart verfolgen und uns quälen, sind stark emotionsbehaftet. Sie gehen so beispielsweise mit Scham, Schuld, Wut, Trauer, Enttäuschung, Verletzlichkeit oder Hilflosigkeit einher, wobei diese Gefühle in abgeschwächter Version bei jedem Erinnern aufkommen. Dadurch bleiben die Erinnerungen auf Dauer lebendig und können sich nach Jahrzehnten noch so anfühlen „als wäre es gestern gewesen." Das ist wunderbar, wenn es sich um schöne Erinnerungen handelt. Geht es aber um negative Erfahrungen und Erlebnisse, können die Erinnerungen durchaus zur Belastung werden, die einen im Alltag immer wieder runterzieht. Setze dich noch einmal mit deiner Vergangenheit auseinander und bringe sie mit deiner Gegenwart zusammen, indem du überlegst, welche Erinnerungen an welche Dinge dich heute mehr beschäftigen und belasten als es dir lieb ist. Mache eine Liste dieser Erinnerungen und füge ihnen einzeln die damit verbundenen Emotionen bei. Dora schreibt zum Beispiel:

Als ich Lina fremdgegangen bin	Schuld, Scham, Reue
Erster heftiger Streit mit Lina	Wut, Angst
Tag, an dem Lina mich verlassen hat	Trauer, Verzweiflung, Hilflosigkeit, Schuld
Als ich aus Panik Fahrerflucht begangen habe	Angst, Schuld, Reue, Scham
Als ich in der fünften Klasse beim Klauen erwischt wurde	Angst, Scham, Reue Schuld

Es ist notwendig, diese Dinge radikal zu akzeptieren, denn sie lassen sich nicht mehr ändern. Anders als bei der radikalen Akzeptanz in der Gegenwart, hilft das Umlenken von Gedanken beim radikalen Akzeptieren der Vergangenheit wenig. Erfolgsversprechender ist die kontrollierte Konfrontation. Erinnere dich bewusst an die Dinge, die auf deiner Liste stehen, und lasse dabei mehr als sonst zu, dass dich die damit verknüpften Gefühle einholen. Nimm dir mindestens zehn Minuten Zeit, um in der Erinnerung zu verweilen, und unterbreche den Vorgang nur, falls du die Emotionsflut nicht ertragen kannst. Atme tief durch, setze gedanklich einen Punkt hinter die Sache und halte dir vor Augen, dass es weder dir noch sonst jemandem irgendetwas bringt, wenn du weiterhin Zeit und Energie an diese schlechte Erinnerung verschwendest. Darüber hinaus können dir die beiden kurzen Meditationen, die nachfolgend geschildert werden, dabei helfen, dich von der Erinnerung zu lösen, sie zu akzeptieren und eine größere Distanz zu schaffen.

Meditation des Loslassens 1

Begib dich an einen ruhigen Ort und nimm eine bequeme sitzende oder liegende Position ein. Schließe die Augen und lenke deine Aufmerksamkeit auf deine Atmung. Lasse deinen Atem frei fließen, versuche nicht, ihn zu kontrollieren oder zu beeinflussen, und bediene dich der Zähltechnik aus dem ersten Abschnitt dieses Kapitels, falls es dir schwer fällt, ganz bei deiner Atmung zu bleiben. Wenn du zur Ruhe gefunden hast, beschwörst du vor deinem inneren Auge das Bild eines blauen Himmels mit weichen weißen Wölkchen herauf. Konzentriere dich auf eine Wolke deiner Wahl und packe die Erinnerung, die du loslassen möchtest, in die Wolke. Hierfür kannst du dir ein Bild oder ein Wort, das die Erinnerung repräsentiert, in der Wolke vorstellen. Mit jedem Einatmen konzentrierst du dich auf dieses Bild oder dieses Wort und packst die Gefühle, die aufkommen, mit in die Wolke. Mit jedem Ausatmen schickst du die Wolke ein bisschen weiter weg. Beobachte, wie die Wolke kleiner und kleiner wird, bis sie nur noch einen winzigen weißen Punkt darstellt und schließlich, endlich ganz verschwunden ist. Atme ein, atme aus und spüre, wie die Last, die du zu lange getragen hast, von dir abfällt.

Meditation des Loslassens 2

Der Einstieg läuft genau gleich ab: Setze oder lege dich bequem hin, schließe die Augen und komme zur Ruhe, indem du den Fokus voll und ganz auf deinen Atem legst. Kreiere nun ein Bild, das dich selbst sowie einen großen, schweren Stein zeigt. Platziere ein Bild oder ein Wort, das die Erinnerung repräsentiert, in dem Stein und spüre beim Einatmen die damit verbundenen Gefühle, die du als kleine Steine rund um den großen Brocken herum ablegst. Beim Ausatmen entfernst du dich jeweils einen Schritt von den Steinen. Du siehst nicht zurück und spürst mit jedem Ausatmen, wie die Distanz zwischen dir und den Steinen größer und größer wird. Entferne dich weiter, gehe bei jedem Ausatmen einen Schritt und beobachte den Steinhaufen, der kleiner wird und immer weniger mächtig erscheint. Weite deinen Blick, um noch mehr Distanz gewinnen zu können, und stelle dir schließlich vor, wie du aus dem Bild heraustrittst, sodass der Steinhaufen am Rande deines Blickfelds verschwindet. Atme ein, atme aus und spüre, wie gut sich die gewonnene Distanz anfühlt.

Du kannst beide Meditationen mehrfach machen und auf jede beliebige Erinnerung anwenden. Wichtig ist, dass du dir ausreichend Zeit nimmst, dich nicht unter Druck setzt und nicht den Anspruch hast, eine Erinnerung durch das einmalige Durchführen der Meditationen komplett akzeptieren und loslassen zu können. Veränderung braucht Zeit und genau die solltest du dir geben.

Angstbewältigung - Loslassen der Zukunftssorgen

Wenn uns Sorgen und Ängste plagen, beziehen sich diese zumeist auf die Zukunft. Genau wie Ballast der Vergangenheit oder unnötiges Grübeln in der Gegenwart, können dich Zukunftsängste daran hindern, im Hier und Jetzt zu leben und zu deinem Ikigai zu finden. Die folgenden Übungen sollen dich dabei unterstützen, gelassener mit Sorgen und Ängsten umzugehen und deren negativen Effekt auf dein Ikigai letztlich zu minimieren.

Worst-Case-Szenario

In der Situation kommt einem so manches oft schlimmer vor als es eigentlich ist. Hier setzt diese einfache Übung an. Male dir ein konkretes Worst-Case-Szenario aus. Sprich: Konkretisiere, was im schlimmsten Fall, also wenn sich deine Ängste oder Sorgen zu 100 % bestätigen, passieren könnte. Durch das Konkretisieren nimmt der Gegenstand der Angst Gestalt an und präsentiert sich häufig als nicht ganz so erschreckend wie zunächst vermutet. Du kannst darüber hinaus etwas mit dem Worst-Case-Szenario spielen: Welche Konsequenzen hätte es für dich? Und wie könntest du damit umgehen? So bereitest du dich auf den schlimmsten Fall vor und gewinnst eine gewisse Sicherheit.

Unterbrechen von Gedankenkreisen

Ängste und Sorgen führen oft unweigerlich in den Gedankenkreis oder ins Grübeln. Verwende die Methoden zum Unterbrechen und Umlenken der Gedanken, die du früher in diesem Kapitel kennengelernt hast, um einen Weg hinaus zu finden.

Perspektivwechsel

Der Perspektivwechsel, den du ebenfalls bereits kennst, kann dir auch hier von Nutzen sein. Wie würdest du reagieren, wenn ein Freund oder Angehöriger von dir die Sorgen und Ängste hätte, die dich aktuell belasten? Was würdest du ihm raten?

Tiefe Bauchatmung

Die tiefe Bauchatmung ist eine beruhigende Atemtechnik, die es dir erleichtern kann, dein Stresslevel zu senken und in der Folge einen rationaleren Blick auf die Situation werfen zu können. Lege oder setze dich bequem hin und achte dabei darauf, dass dein Brustkorb offen ist, sodass die Luft frei fließen kann. Verschränke also nicht etwa die Arme oder sacke nach vorne zusammen, sondern nimm die Schultern nach hinten und öffne deine Mitte. Konzentriere dich im Anschluss auf deine Atmung und lege eine Hand mit der Handfläche zum Körper auf deinen Bauch. Versuche, den Atem tief in den Bauch hinein zu manövrieren, wodurch sich deine Bauchdecke beim Einatmen wölbt, nur um beim Ausatmen wieder einzusinken. Beginne nun, mitzuzählen: Zähle beim Einatmen bis fünf, halte den Atem kurz an und zähle beim Ausatmen bis sieben. Einatmen – eins, zwei, drei, vier, fünf. Halten – eins. Ausatmen – eins, zwei, drei, vier, fünf, sechs, sieben. Behalte dieses Muster für sieben bis zehn Atemzüge bei. Du solltest zügig spüren, wie du ruhiger wirst und dich besser entspannen kannst.

Mut-mach-Musik

Provisorisch kannst du dir eine Playlist mit Songs anlegen, die dir Mut machen, deine Stimmung heben, die Entspannung fördern oder deine Ängste lindern. Eben Songs, die dir das Gefühl geben, dass alles gut wird. Spiele die Playlist ab, wenn dich Zukunftsängste plagen, und versuche, deine Aufmerksamkeit ganz auf die Musik zu fokussieren. Fühle den Rhythmus, verfolge jede Zeile des Textes und singe mit, wippe im Takt oder tanze sogar, wenn dir danach ist. Das baut Stress ab und lenkt dich zudem zuverlässig ab.

Skill-Koffer

Skills sind in diesem Zusammenhang Fertigkeiten, die dir in einer Extremsituation helfen. Um dir ihre Funktionsweise und Zielgebung zu verdeutlichen, befassen wir uns kurz mit Skills, die Menschen weiterhelfen, welche einen inneren Druck verspüren, den sie normalerweise mit Selbstverletzung abschwächen. Sie schneiden sich beispielsweise, schlagen mit dem Kopf gegen die Wand, stechen sich mit Nadeln, schlagen mit harten Gegenständen gegen sensible Stellen ihres Körpers oder reißen sich die Haare aus, um die innere Anspannung mittels Schmerz zu durchbrechen. Die Skills sollen die Selbstverletzung quasi ersetzen und einen anderen, weniger schädlichen Weg aufzeigen, auf dem der Druck verringert werden kann. Besonders bekannt sind:

- Schnippen mit einem Gummiband am Handgelenk
- Getrocknete Chilischoten auf der Zunge zergehen lassen
- Boxen gegen ein Kissen, bis zur Erschöpfung
- Zerreißen von Papier
- Kühlpads ans Handgelenk halten/Handgelenk unter kaltes Wasser halten, bis der Kälteschmerz unerträglich wird
- So schnell wie möglich rennen, bis einem die Puste ausgeht
- Sich auf das präzise Ausmalen eines Mandalas konzentrieren
- An starken Düften, zum Beispiel Zistrose in Form eines ätherischen Öls, riechen
- Mit einem Igelball über die Innenseite des Unterarms rollen und sich dabei auf die haptischen Empfindungen konzentrieren
- Laut schreien, bis die Stimme versagt

Skills werden normalerweise im Rahmen der Psychotherapie, zum Beispiel bei der Behandlung von Menschen mit einer Borderline Persönlichkeitsstörung, eingesetzt. Sie können jedoch auch dir als eigentlich gesundem Menschen weiterhelfen. Denn wenn dich Ängste und Sorgen nicht loslassen, baut sich eine innere Anspannung auf, die zwar nicht unbedingt gleich, aber doch vergleichbar mit dem Druck ist, den zum Beispiel Borderliner spüren. Dann kann ein Wechselspiel entstehen, indem die Sorgen und Ängste die Anspannung in die Höhe treiben und die hohe Anspannung wiederum eine Beruhigung oder rationale Auseinandersetzung mit der Sachlage unmöglich macht. Auch wenn bei dir keine Gefahr der Selbstverletzung besteht, können dir Skills im „Notfall“ also weiterhelfen. Das funktioniert in der Regel aber nur, wenn du dir im angespannten Zustand nicht erst noch Gedanken über infrage kommende Skills machen oder Materialien besorgen musst, sondern direkt darauf zugreifen kannst. Aus diesem Grund ist es sinnvoll, einen immer greifbaren Skill-Koffer anzulegen.

Der Weg zum voll ausgestatteten Skill-Koffer gegen die innere Anspannung bei Ängsten und Sorgen führt über diese Schritte:

Schritt 1: Die Skill-Liste

Online findest du Skill-Listen, die weit über die Skills, die zuvor genannt wurden, hinausgehen und teils über hundert Skills umfassen. Sieh dir solche Listen an und erstelle dann deine persönliche Skill-Liste, die sich aus den zehn bis fünfzehn Skills zusammensetzt, von denen du vermutest, dass sie bei dir gut funktionieren könnten. Besorge dir die Utensilien, die du benötigst, um die Skills anwenden zu können.

Schritt 2: Das Ausprobieren

Wann immer du nun in eine Situation kommst, in der du eine innere Anspannung – eben bedingt durch Ängste, Sorgen oder auch Stress – verspürst, probierst du ein bis drei Skills aus und beobachtest, inwieweit sie dich runterbringen, ablenken und beruhigen können. Dokumentieren kannst du deine Erfahrungen in dieser Tabelle, wobei du in Zeile eins wieder ein Beispiel findest:

Situation	**Skills**	**Wirkung (1 bis 10)**
Angst wegen bevorstehender Prüfung	*Mandala malen* *Laute Musik hören* *Rennen*	*6* *1* *8*

In der ersten Spalte notierst du die Situation, in der du angespannt bist, in die zweite trägst du die Skills, die du ausprobierst, ein und in der dritten bewertest du die ausprobierten Skills nach Punkten von 1 (bringt gar nix) bis 10 (hilft perfekt).

Schritt 3: Ich packe meinen Koffer...

...und nehme mit: Skill-Materialien. Du hast nun Skills gefunden, die dir gut dabei helfen, der Anspannung bedingt durch Ängste, Sorgen oder Stress entgegenzuwirken. Alle Skills, die du in der dritten Spalte mit 7 bis 10 bewertet hast, sind deine Top-Skills und die zugehörigen Utensilien gehören in deinen Skill-Koffer. Es muss natürlich kein Koffer sein: Auch verschließbare Kartons, Boxen, Beutel und Co. eignen sich bestens. Sammle die Materialien, die du für deine Top-Skills brauchst, in dem Behältnis und platziere es an einer Stelle, an der du es im „Notfall" sicher und schnell wiederfindest. So bist du bestens gerüstet und kannst künftigen Ängste, Stresssituationen und Sorgen mit selbst erprobtem Skill-Material den Kampf ansagen.

Es ist übrigens nicht unüblich, dass Skills nach einer gewissen Zeit nicht mehr so gut wie gewohnt funktionieren. Sie können sich quasi abnutzen und erfüllen ihren Zweck in der Folge nicht mehr. Dann ist es ratsam, neue Skills auszuprobieren und für dich zu entdecken, sodass du nach wie vor eine gleichbleibend große Auswahl hast, auf die du im Ernstfall zurückgreifen kannst.

Innerer Kritiker - Erkennen und regulieren

Negative Glaubenssätze sind für den inneren Kritiker genauso ein gefundenes Fressen wie emotionsbehaftete, schlimme Erinnerungen und Ängste und Sorgen. Der innere Kritiker wurde schon in Kapitel 8 angesprochen und nun sollst du lernen, wie du dessen „vorlautes Maul stopfen" kannst. Zunächst einmal ist es wichtig, zu begreifen, dass der innere Entwerter, also diese innere Stimme, die dich kritisiert, runterzieht, vielleicht sogar beschimpft und fertigmacht, ein Teil von dir ist. Sie entspringt deinem eigenen Gehirn und genau darin liegt dein Vorteil, denn dadurch hast du immer die Option, einzugreifen und etwas zu verändern. Um zu erkennen, wann es dieser (über-) kritische Teil ist, der „spricht“, kannst du dich grob an diesen Merkmalen und Erkennungszeichen orientieren:

- Negativer Wortlaut
- Überzogene, nicht konstruktive Kritik
- Findet immer einen vermeintlichen Makel oder Fehler
- Null Rücksicht, Nachsicht oder Toleranz dir und deinen Handlungen gegenüber
- Gemein, boshaft, übellaunig, überheblich, respektlos und motzig
- Geht gezielt auf „wunde Punkte“ los und reibt ordentlich Salz in die Wunde
- Lässt dich Fehler nicht vergessen
- „Spricht“ eher von oben herab
- Verallgemeinerungen mit „immer“, „ausnahmslos“, „nie“, „niemals“ etc.

Ein ohnehin schon angeknackstes Selbstwertgefühl wird durch den Einfluss eines übermächtigen inneren Entwerters ruckzuck zunichte gemacht. Selbst wenn es einen Grund gibt, stolz auf dich zu sein, pfuscht dir die entwertende Stimme dazwischen und findet einen Grund, dir übel mitzuspielen. Dabei schreckt sie in aller Regel auch nicht vor vollkommen haltlosen Behauptungen, Lügen, maßloser Übertreibung und wissentlicher Fehlinterpretation zurück. Wenn du einige Seiten zurückblätterst und dir das Gedankentagebuch aus dem Abschnitt „Vergangenheitsarbeit“ ansiehst, entdeckst du mit hoher Wahrscheinlichkeit einige Notizen, die ziemlich eindeutig dem inneren Kritiker zuzuschreiben sind. Was genau kannst du aber tun, um diesen Kritiker zu entmachten und seine Präsenz zu minimieren? Was funktioniert, ist im individuellen Einzelfall verschieden. Die nachfolgend erklärten Taktiken sind allesamt einen Versuch wert:

Die Argumentation / Diskussion

In den meisten Fällen ist es absolut sinnlos, mit dem Kritiker zu diskutieren. Schlicht und einfach deshalb, weil sich seine Aussagen nicht auf stichhaltige Argumente stützen. Selten kann eine Argumentation aber auch zum Erfolg führen, weshalb diese Herangehensweise nicht unversucht bleiben sollte. Für dein Verständnis sehen wir uns die Techniken anhand des Beispiels „Yusuf" an.

Yusuf enttarnt den Gedanken „Du bist ein hoffnungsloser, armseliger Loser" als Aussage seines inneren Kritikers und hakt nach: „Warum?", will er ganz sachlich wissen. Die prompte Reaktion: „Weil du nichts auf die Reihe kriegst und niemals irgendetwas richtig machen kannst." Yusuf setzt dem sein kürzlich erhaltenes Prüfungsergebnis mit einem Notendurchschnitt von 1,5 entgegen. „Das ist nichts im Vergleich zu allem, was du schon versaut hast", höhnt der Kritiker, „Loser, Loser, Loser!"

Dieses Beispiel zeigt, dass das Argumentieren bei Yusufs innerem Entwerter keinen Sinn hat. Ganz egal, wie viele Beispiele für seinen Erfolg Yusuf anbringen würde, würden diese vom Entwerter in den Boden gestampft werden. Geht es auch dir so, musst du keine Zeit mehr mit Diskussionen dieser Art vergeuden, sondern kannst diese Technik als Versuch abhaken und die nächste ausprobieren.

Das Ignorieren und die Gefühlskorrektur

Der innere Kritiker ernährt sich von den negativen Gedankenspiralen und Gefühlen, die er in Gang setzt. Ihn zu ignorieren kann folglich nur Früchte tragen, wenn du es schaffst, zu verhindern, dass seine Äußerungen dich zum negativen Denken und Fühlen veranlassen. Hierfür musst du frühzeitig korrigierend einwirken, wie Yusuf zeigt:

Nachdem der Versuch der Argumentation gescheitert ist, beschließt Yusuf, nicht weiter auf seinen inneren Entwerter einzugehen, sondern ihn gekonnt zu ignorieren. In dem Moment, in dem ihn die nächste Spitze – „Du bist einfach nur jämmerlich und solltest dich schämen" – trifft, ruft sich Yusuf bewusst eine besonders schöne Erinnerung ins Gedächtnis, um zu verhindern, dass ihn negative Gedanken und Gefühle erreichen.

Bei dieser Technik ist das richtige Timing entscheidend. Nur wenn es dir gelingt, augenblicklich eine positive Erinnerung hervorzukramen, kannst du diese als wirksames Schild gegen die Absicht des Entwerters einsetzen. Erfahrungsgemäß klappt dies nicht beim ersten Versuch, sondern muss geübt werden, kann dann aber sehr effektiv sein.

Die Analyse und der Rückschlag

Manchmal kann es tatsächlich helfen, in den Gegenangriff überzugehen. Dies sollte allerdings unbedingt überlegt und zielgerichtet geschehen. Daher sollte man sich zuvor Zeit nehmen, um sich genau anzusehen, wie der eigene Entwerter für gewöhnlich vorgeht. Welche Strategie fährt er? Wann greift er normalerweise an? Welche „wunden Punkte“ macht er sich zunutze? Und kannst du vielleicht sogar Schwachstellen seinerseits identifizieren? Aus den entsprechenden Informationen resultiert die Vorbereitung auf deinen Angriff beziehungsweise Rückschlag. Bei Yusuf war das so:

Yusuf gewann durch die Analyse des Verhaltens seines inneren Kritikers folgende Infos:

- *Er wirft mit Beleidigungen um sich, ohne diese untermauern zu können.*
- *Er ist vor allem in den Abendstunden oder in besonders „schwachen Momenten“ aktiv.*
- *Er schlägt unter die Gürtellinie.*
- *Er wiederholt sich, um seinen Worten Nachdruck zu verleihen.*

Yusuf beschließt, ebenfalls zu einem Schlag unter die Gürtellinie auszuholen, und legt sich diese Konterworte zurecht:

- *„Musst du dich wiederholen, weil dir die Ideen ausgehen?“*
- *„Wenn du nicht mehr zu bieten hast, solltest du den Beruf wechseln.“*
- *„Alles, was du zu bieten hast, sind leere, unreflektierte Worte.“*

Wenn du auf diese Weise vorgehst, musst du darauf vorbereitet sein, dass deine Gegenwehr den inneren Kritiker zunächst anfeuern könnte. Dann gilt es, dranzubleiben und nicht aufzugeben. Die Technik hatte Erfolg, wenn der Kritiker den Rückzug antritt oder du unabhängig davon das Gefühl hast, dich gestärkt und/oder ihn geschwächt zu haben. Die Methode des Rückschlags funktioniert vor allem deshalb oft gut, weil sie ein Durchbrechen des „normalen“ Musters – Entwerter feuert, du erträgst es – darstellt. Solltest du feststellen, dass dich das Zurückschlagen zu viel Kraft kostet, ist diese Methode vermutlich nicht die richtige für dich und du solltest dich nicht scheuen, aus Gründen des Selbstschutzes ein weiteres Mal kleinbeizugeben.

Die Provokation

In gewisser Weise lassen sich viele innere Kritiker mit Donald Trump vergleichen. Sie plustern sich ordentlich auf, beanspruchen 100 % der Macht für sich, besitzen bei genauerem Hinsehen aber eigentlich keine Kompetenzen, die dies rechtfertigen würden. Im Wesentlichen unterscheidet sich dein Entwerter von besagtem US-Amerikaner durch das Fehlen eines blamablen Twitter-Accounts – und dadurch, dass du keine Angst davor haben musst, er könnte womöglich einen „roten Knopf“ drücken, wenn er sich gekränkt, seiner Macht enthoben oder mit mangelndem Respekt behandelt fühlt. Sprich: Du kannst ordentlich auf die Pauke hauen und ihn so richtig schön provozieren. Yusuf hat’s ausprobiert:

„Du bist eine widerliche Missgeburt, die es nicht verdient hat, zu leben“, brüllt der Entwerter, und Yusuf wiederholt seine Worte in Kopfstimme und der Melodie von „Hey, Pippi Langstrumpf“. Sofort klingt die Aussage weniger bedrohlich und Yusuf bekommt ein ganz neues Gefühl dafür, wie

lächerlich und unbedeutend die Worte seines inneren Kritikers eigentlich sind. Beim nächsten Angriff wählt er den „Bibi Blocksberg Titelsong", dann „Schni Schna Schnappi" und das „Benjamin Blümchen Lied".

Das Rausschmeißen und Verbannen

Den Entwerter rauszuschmeißen, ist fast immer eine gute Idee. Dabei kann es helfen, sich ein besonders hässliches Stofftier zu kaufen, das den Kritiker repräsentiert. Yusuf hat das gemacht:

Als der Entwerter zu maulen beginnt, öffnet Yusuf die Tür des Wohnzimmers, geht zum Balkon und wirft ihn mit „Schmackes" so weit er kann in den Garten. Er knallt die Tür hinter sich zu und lässt den Kritiker draußen in der Kälte zurück.

Beim ersten Versuch kann es sein, dass der innere Entwerter schon nach wenigen Sekunden zurückkommt. Mit Übung lässt sich die Zeitspanne der Verbannung jedoch wunderbar ausdehnen, sodass man sich den Kritiker durch das Rausschmeißen irgendwann für eine ganze Stunde, zwei Stunden und mehr vom Hals schaffen kann. Hat man nicht die Möglichkeit, ein Stofftier so zu werfen, dass man es auf Privatgelände wieder einsammeln kann, kann man dem Entwerter alternativ einen Namen geben und diesen auf ein Stück Papier schreiben. Daraus bastelt man einen Papierflieger, zerreißt es mit Energie oder zündet es an, um dem Rausschmiss Ausdruck zu verleihen.

Freude im Alltäglichen finden

Die Freude im Kleinen, ganz Alltäglichen wahrzunehmen und zu spüren, kann mehr zum Ikigai beitragen als du vielleicht vermutest. Mit diesen drei Übungen übst du dich darin, kleine, freudvolle Erlebnisse feiner zu erkennen und angemessen zu würdigen:

Glückstagebuch

Lege ein Notizbuch an, dem du jeden Abend ein paar Minuten Zeit schenkst. Schreibe mindestens einen Moment, ein Ereignis oder eine

Erinnerung an den vergangenen Tag auf, der, das oder die dich – wenn auch nur ganz kurz – glücklich gemacht hat. Du kannst ins Detail gehen oder nur Stichworte auflisten, das bleibt dir überlassen. An schlechten Tagen kannst du dein Glückstagebuch öffnen, um dich daran zu erinnern, dass du täglich Gründe findest, um glücklich zu sein.

Erbsen in der Tasche

Die Erbsenübung ist bekannt und wird leicht depressiven Patienten oft von Therapeuten empfohlen. Du beginnst mit drei Erbsen, die du dir am Morgen in die linke Tasche deiner Hose, Weste oder Jacke steckst. Wenn du einen Moment der Freude erlebst, nimmst du eine Erbse aus der linken und beförderst sie in die rechte Tasche. Je leichter es dir fällt, kurze Glücksmomente wahrzunehmen und als solche zu erkennen, desto mehr Erbsen packst du am Morgen in die linke Tasche. Bleiben abends Erbsen übrig, die nicht nach rechts gewandert sind, versuchst du, für jede dieser Erbsen ein glückliches Ereignis aus der Vergangenheit oder etwas, auf das du dich in der Zukunft freust, zu nennen.

Wachsende Collage

Besorge dir einen großen Karton in deiner Lieblingsfarbe und beschäftige dich einmal pro Woche damit, mindestens drei Glücksmomente der vergangenen sieben Tage darauf zu verewigen. Hierfür kannst du handschriftliche Worte verwenden, etwas Zeichnen oder Bilder aus dem Internet ausdrucken und aufkleben. Ist ein Plakat voll, machst du einfach mit einem neuen Stück Karton weiter. In „Tiefphasen“ kannst du die erstellten Collagen des Glücks nutzen, um dir vor Augen zu halten, dass nicht alles schlecht ist und du bereits so viele glückliche Momente erlebt hast, auch wenn du es dir aktuell nicht vorstellen kannst.

Kapitel 11: Fragen und Antworten

Du bist am Ende dieses Buches angelangt und wenn dir noch die eine oder andere Frage durch den Kopf schwirrt, findest du im Folgenden womöglich eine Antwort darauf.

Kann man das Ikigai wieder verlieren, wenn man es einmal gefunden hat?

Prinzipiell ja. Zum einen dadurch, dass du dich im Laufe deines Lebens veränderst, weshalb beispielsweise eine einmal gefundene Passion irgendwann nicht mehr stimmig sein kann. Zum anderen können sich die Umstände verändern und dich wichtigen Teilen deines Ikigais berauben. In beiden Fällen solltest du dich intensiv mit der Sachlage befassen und versuchen, herauszufinden, was du tun kannst, um das Ikigai wiederherzustellen. Die Erfahrungen zeigen, dass dies in aller Regel leichter fällt als das erste „Zusammenstellen" und Erreichen des Ikigais. Immerhin weißt du schon, wozu du fähig bist, und kennst das Gefühl des Ikigais.

Wie lange dauert es, das persönliche Ikigai zu finden?

Vielleicht vier Wochen, vielleicht aber auch zwei oder zwanzig Jahre. Kein Mensch kann dir voraussagen, wann du dein Ikigai gefunden haben wirst. Denn Faktoren wie die individuellen Bemühungen, die Ausgangssituation und der Zufall bringen eine extrem hohe Variabilität mit sich. Wichtig ist, dass du dich nicht unter Druck setzt. Wer sich ständig fragt, wann er das Ikigai denn endlich erreicht hat, und sich eventuell sogar selbst abwertet, weil er noch nicht am Ziel angekommen ist, stellt sich damit nämlich klar und deutlich zwischen sich und das Ikigai.

Kann es sein, dass man trotz aller Bemühungen nicht zum Ikigai findet?

Das ist, so bitter diese Wahrheit auch sein mag, möglich. Nicht jeder Mensch hat das Privileg, den Weg zu seinem Ikigai konsequent verfolgen zu können.

Woher weiß ich, dass ich das Ikigai erreicht habe?

Das wirst du spüren, wobei sich das Ikigai für jeden anders und einzigartig anfühlen kann. Vertraue darauf, dass du wissen wirst, wenn sich der Zustand des Ikigais eingestellt hat.

Gibt es Kurse und Workshops, in deren Rahmen man mehr über das Ikigai erfahren und lernen kann?

Auf jeden Fall. Es gibt eine Menge Angebote zum Erweitern des Wissens über das Ikigai – von Online-Workshops über Präsenzkurse bis hin zu 1:1 Coachings. Es ist allerdings genau zu prüfen, welche Inhalte im Rahmen eines Angebots vermittelt werden und inwiefern der jeweilige Anbieter tatsächlich als kompetenter „Coach" verstanden werden kann. Denn gerade wenn es um das Lebensglück, die Zufriedenheit und die Selbstverwirklichung geht, gibt es viele „schwarze Schafe", die mit jeder Menge Wissenslücken und bloßer Inkompetenz Profit machen wollen – und es auch schaffen. Deshalb solltest du dir unbedingt mehrere Anbieter ansehen und auch Kundenbewertungen berücksichtigen, die nicht auf der Website des Anbieters zur Schau gestellt, sondern unabhängig davon geteilt werden. Klare Warnzeichen dafür, dass es sich um einen unseriösen Anbieter handelt, sind zum Beispiel Erfolgsgarantien, Pauschalanleitungen und unverschämt hohe oder extrem günstige Preise.

Schlusswort

Jetzt beginnt deine eigentliche Reise zum Ikigai - das reine Lesen eines Buchs reicht dazu nicht aus. Du musst in dich gehen und aktiv an dir und deinem Leben arbeiten. Nur so wirst du langfristig ein erfülltes und zufriedenes Leben führen.

Wenn dir dieses Buch gefallen und geholfen hat, dann würde ich mich sehr über dein Feedback freuen. So kannst du anderen Menschen ebenfalls dabei helfen, dass sie die Philosophie des Ikigais für sich entdecken.

Gehe dazu auf

www.amazon.de/ryp

und hinterlasse eine Rezension - du kannst das in 2 Minuten erledigen und hilfst mir und anderen zukünftigen Ikigai-Interessierten dadurch enorm weiter.

Viel Spaß und viel Erfolg

Johannes Lichtenberg

Weitere Werke von KR Publishing

Best of ALLGEMEIN-WISSEN

- Frederik Holm -

In diesem Buch erfährst du:

- ✓ Warum Allgemeinwissen so wichtig ist.
- ✓ Wie du Allgemeinwissen am besten und leichtesten lernen und behalten kannst.
- ✓ Umfassendes Allgemeinwissen zu 16 verschiedenen Themen.

Und noch Vieles mehr!

EINSERKANDIDAT
Stressfrei zur Bestnote

- Frederik Holm -

In diesem Buch erfährst du:

- ✓ Wie du mit genialen Lerntechniken endlich das Lernen lernst.
- ✓ Wie du stressfrei Bestnoten schreiben kannst.
- ✓ Wie du vom Aufschieber zum Lernprofi wirst.

Und noch Vieles mehr!

STOIZISMUS

- Johannes Lichtenberg -

In diesem Buch erfährst du:

- ✓ Wie du zum Fels in der Brandung wirst und jede Situation meisterst.
- ✓ Wie du die unerschütterliche Gelassenheit eines Mönchs erlangst.
- ✓ Wie du resistent gegen Stress wirst und dich nie wieder aufregst.

Und noch Vieles mehr!

Konfliktfrei durch
Gewaltfreie Kommunikation

- Johannes Lichtenberg -

In diesem Buch erfährst du:

- ✓ Wie du Konflikte gewaltfrei löst.
- ✓ Wie du eine Beziehungen langfristig verbessern kannst.
- ✓ Wie du deine Gesprächspartner unbemerkt analysieren kannst.

Und noch Vieles mehr!

ESSENTIALISMUS

- Johannes Lichtenberg -

In diesem Buch erfährst du:

- ✓ Wie du täglich Zeit dazu gewinnst, wenn du dein Leben auf das Essentielle reduzierst.
- ✓ Wie du mental aufgeräumter wirst und so zu mehr Klarheit gelangst.
- ✓ Wie du durch Weniger im Leben, stressfreier und besser lebst.

Und noch Vieles mehr!

Die Klartraum Methode

- Paula Weinbach -

In diesem Buch erfährst du:

- ✓ Wie du jeden Tag zusätzlich einige Stunden an wertvoller Zeit gewinnst.
- ✓ Wie du dein Unterbewusstsein erforschen und programmieren kannst.
- ✓ Wie du komplexe Probleme im Schlaf löst und kreativer wirst.

Und noch Vieles mehr!

Hochsensible Kinder

- Paula Weinbach -

In diesem Buch erfährst du:

- ✓ Wie du dein hochsensibles Kind bestmöglich unterstützen kannst.
- ✓ Wie du deinem Kind das Leben erheblich erleichtern kannst.
- ✓ Welche Methoden euch auf eurem Weg am besten weiterhelfen.

Und noch Vieles mehr!

AUSGEGRÜBELT!
Grübeln stoppen in der Praxis

- Paula Weinbach -

In diesem Buch erfährst du:

- ✓ Wie du negative Gedanken endlich stoppen kannst.
- ✓ Wie du innere Blockaden beseitigen kannst und zur Ruhe kommst.
- ✓ Wie du dir nicht mehr über jede Kleinigkeit den Kopf zerbrichst.

Und noch Vieles mehr!

Intervallfasten
für Frauen

- Pauline Höppner -

In diesem Buch erfährst du:

- ✓ Wie du ohne Sport effektiv und langfristig abnehmen kannst.
- ✓ Wie du nur mit einer Stoppuhr dir die Kilos schmelzen lässt.
- ✓ Wie du ohne Verzicht auf Süßes deine Wunschfigur erreichen kannst

Und noch Vieles mehr!

Lust auf mehr? Unser Geschenk an dich!

Vielen Dank für den Kauf von diesem Buch und deinem damit verbundenen Vertrauen in uns als Herausgeber und in Johannes Lichtenberg als Autor dieses großartigen Buchs. Das bedeutet uns wirklich viel, weshalb wir dir den Ratgeber „Habit Hacks - 10 unscheinbare Schlüssel Gewohnheiten, die dein Leben verändern", als Download schenken - vollkommen gratis! Zudem möchten wir dir die Möglichkeit eines direkten Austauschs mit dem Autor anbieten. So kannst du z.B. deine Fragen, dein Feedback oder deine Anregungen Johannes zukommen lassen - eine tolle Möglichkeit für die Kommunikation zwischen Leser und Autor!

Diese kleinen und unscheinbaren Schlüssel Gewohnheiten verändern dein Leben - erfahre:

- ✓ wie eine kleine Veränderung beim Duschen deine Disziplin stärkt und dir einen Energiekick verschafft...
- ✓ wie eine Prise Salz dir einen Kickstart am Morgen verschaffen kann...
- ✓ wie eine kleine Einstellung an deinem Smartphone & Computer deinen Schlaf verbessert...
- ✓ noch weitere geniale und unscheinbare Habit Hacks!

Wenn du bereit bist, dein Leben mit einigen simplen Habit Hacks auf das nächste Level zu bringen, dann gehe jetzt auf

www.KRPublishing.de/iki

und sichere dir dein kostenloses Exemplar als digitalen Download.

Impressum

Herausgeber:

KR Publishing UG (haftungsbeschränkt)
Mundsburger Damm 26
22087 Hamburg
Deutschland

Printed in Poland
by Amazon Fulfillment
Poland Sp. z o.o., Wrocław

71932366R00072